Fly & Camp Träume

Olaf und Werner K. Lahmann
MIT DEM WOHNMOBIL DURCH FLORIDA

Olaf und Werner K. Lahmann

MIT DEM WOHNMOBIL DURCH FLORIDA

Drei Brunnen Verlag GmbH & Co., Stuttgart

Einband und Layout:
Jürgen Reichert
Gestaltung: Emmerich Müller
Karten: Bernd Matthes
Fotos: Olaf und Werner K. Lahmann

Die Deutsche Bibliothek –
CIP-Einheitsaufnahme

Lahmann, Olaf:
Mit dem Wohnmobil durch Florida /
Olaf und Werner K. Lahmann. – 1. Aufl. –
Stuttgart : Drei Brunnen-Verl., 1993
(Fly- & Camp-Träume)
ISBN 3-7956-0226-2
NE: Lahmann, Werner K.:

ISBN 3-7956-0226-2

1. Auflage 1993

Alle Rechte dieser Ausgabe vorbehalten
© 1993 by Drei Brunnen Verlag GmbH & Co.
70191 Stuttgart, Friedhofstr. 11
Satz: Typobauer Filmsatz GmbH,
73760 Ostfildern
Druck: Offsetdruckerei Karl Grammlich,
72124 Pliezhausen
Bindearbeiten: Josef Spinner, 77833 Ottersweier/Baden

Inhalt

Einführung	8
Das Wohnmobil	14
Welcome to Florida	22
Die Traumstrände von Miami	29
Von Hollywood bis Palm Beach	36
Das John F. Kennedy Space Center	43
Mit dem Auto am Strand von Daytona Beach	50
Das historische St. Augustine	57
Tallahassee – die Hauptstadt Floridas	63
Die Wundermeile von Panama City Beach	70
Der Suwannee River und die Manatees	78
Bei den Meerjungfrauen in Weeki Wachee	84
Von Micky Mäusen und Tomorrowland	89
Beautiful Girls in Cypress Gardens	96
Tampa und St. Petersburg	101
Ft. Myers und Captiva Island	110
Durch die Everglades	119
Am Ende der USA – Key West	128
Reiseinformationen	137
Nützliche Adressen	144
Register	145
Literatur	149

Zeitplan und Streckenführung

1. Tag	Hinflug Frankfurt – Miami	–
2. Tag	Miami	100 km
3. Tag	Miami	–
4. Tag	Palm Beach	100 km
5. Tag	Palm Beach – Cocoa	210 km
6. Tag	Kennedy Space Center	128 km
7. Tag	Daytona Beach – St. Augustine	144 km
8. Tag	St. Augustine – Starke	88 km
9. Tag	Fahrt nach Tallahassee	232 km
10. Tag	Tallahassee und Panama City	212 km
11. Tag	Panama City – Manatee Springs	390 km
12. Tag	Manatee Springs – Weeki Wachee	134 km
13. Tag	Weeki Wachee – Disney World	151 km
14. Tag	Disney World	–
15. Tag	Cypress Gardens	53 km
16. Tag	St. Petersburg Beach	153 km
17. Tag	Fort Myers	192 km
18. Tag	Flamingo/Everglades	298 km
19. Tag	Key West	291 km
20. Tag	Key West – Miami	219 km
21. Tag	Wagenrückgabe/Rückflug	–
		3095 km

Wer an Florida denkt, denkt an Miami, die Everglades und an Disney World. Für viele Menschen ist Florida der Inbegriff des Badeurlaubs. Ausgedehnte weiße Badestrände, braungebrannte Mädchen in knappen Bikinis, helle Segel auf tiefblauem Meer, das sind die Träume von Florida, vom Sunshine State of America.

Einführung

Die Wärme genießen, baden und bummeln, Erholungsurlaub in einem der schönsten Feriengebiete der Welt, all dieses wollen wir erleben auf unserer Reise

Mit dem Wohnmobil durch Florida.

Campen an der Ostküste ist etwas komplizierter als im Westen der Vereinigten Staaten, denn es gibt weniger Campingplätze und nur wenige Mietstationen für Wohnmobile. In Florida dagegen hat man keine Schwierigkeiten. Florida ist ein ideales Land für den Urlaub im Wohnmobil: das Land ist überschaubar, und wenn man das Wohnmobil in Miami übernimmt, hat man einen idealen Ausgangspunkt für die Reise durch diesen Bundesstaat. Trotzdem sollte man mit der Planung rechtzeitig beginnen. Das ist nicht schlimm, denn bei Individualreisen gehört die Planung ja mit zur Reise, und bei der Planung werden wir schon zu Hause, mitten im Winter, so richtig auf die Reise eingestimmt. Man beschäftigt sich mit den Einzelheiten der Reise viel intensiver als bei einer organisierten Tour. Für uns jedenfalls gibt es nichts Schöneres als eine frei geplante Reise, frei im Wohnmobil, unabhängig von Hotels, Bussen oder Eisenbahnen. Frei im Wohnwagen mit vorgeplanter Reiseroute, die aber jederzeit abgeändert werden kann und erst unterwegs den tatsächlichen Gegebenheiten angepaßt wird.

Bei aller Freiheit im Wohnmobil sollte man doch eine Reiseroute ausgearbeitet haben, denn die Stunden im Ausland sind teuer, und man möchte diese kostbare Zeit nicht gerne auf öden und langweiligen Nebenstraßen vertrödeln. Bei den Reisekosten für zwei Personen kostet die Stunde (14 Stunden pro Tag angenommen) etwa 30,- DM, und diese wollen wir so optimal wie nur irgend möglich nutzen. Dazu möchten wir mit dieser Buchreihe einen Beitrag leisten.

Bei aller Freiheit sollten Sie also rechtzeitig mit einer sorgfältigen Planung beginnen. Wir haben die einzelnen Stationen dieser Reise mehrmals besucht, das erste Mal, als Olaf noch ein kleiner Junge war. Inzwischen ist auch er ein Florida-Fan geworden, und viele der Fotos aus diesem Buch sind auf seinen Reisen entstanden.

Die Planung beginnt natürlich mit der vorgesehenen Reisezeit. Wer seinen Urlaub flexibel legen kann ist gut dran. Die Sommermonate sollte man für den Floridaurlaub möglichst vermeiden. Es wird dann nämlich furchtbar heiß und schrecklich schwül, was uns Mitteleuropäern leicht die Freude verderben kann. Die Zeit von April bis Mitte Juni sowie die Monate September bis Dezember sind besonders zu empfehlen. Zwischen Juni und Oktober beschert uns die Regenzeit täglich sehr heftige Gewitterschauer, die allerdings nicht lange anhalten und der Sonne schnell

Einführung

wieder Platz machen. Danach jedoch ist es unerträglich heiß und schwül.
Zwei bis drei Wochen sollten Sie für die Rundreise einplanen, wer wenig Zeit hat, muß sich halt auf den südlichen und mittleren Teil Floridas beschränken. Wir geben dafür eine Alternativroute an. Die volle Rundfahrt ist auf 21 Tage ausgelegt.

Den Wohnwagen mietet man von Deutschland aus günstiger, außerdem ist es einfacher, und Reklamationen werden nach deutschem Gesetz behandelt. Die Flüge müssen auf die Termine der Wohnmobil-Vermieter abgestimmt werden, und preiswert soll's auch noch sein.
Hinzu kommen individuelle Wünsche bezüglich des Wohnmobils, der Reiseroute – man möchte vielleicht auf dem Hinflug unbedingt Freunde in New York besuchen – oder der Rundfahrt selbst: Man kann das Ganze natürlich auch andersherum abfahren.

Fliegen kann man eigentlich mit jeder Fluggesellschaft, runter kommen alle, in der Regel auch unbeschadet und am vorgesehenen Ziel.
Unterschiede gibt es allerdings sehrwohl – nicht nur im Preis.
Einige US-Gesellschaften bieten phantastisch günstige Flüge an, meist mit Zwischenlandung, z.B. in Pittsburgh oder Dallas. Das kostet Sie etwa einen halben Tag länger je Flug, schont aber das Reisebudget ganz gehörig.
Mit etwas Glück erwischen Sie allerdings auch einen Direktflug, z.B. von

Verrückt geht's manchmal zu in Florida, auch beim Häuserbau

Einführung

CONDOR oder LTU zum gleichen Preis, das ist dann weniger stressig. Auch im Service gibt es Unterschiede: ich bin einmal mit einer amerikanischen Linie nach Miami geflogen mit Zwischenlandung in Pittsburgh, hatte also insgesamt vier Teilflüge und viermal das Vergnügen, deren Essen serviert zu bekommen. Ich habe es jedesmal stehenlassen, obgleich ich sonst ein guter Esser bin. Bei den Deutschen und Schweizern dagegen ist das Essen immer ein Vergnügen. Auch ist die „Packungsdichte" sehr unterschiedlich. Einige Fluggesellschaften rücken die Sitzreihen so dicht aufeinander, daß ich Mühe habe, meine Schuhgröße 47 ohne Knoten im großen Zeh unterzubringen.

Von der permanenten Überbuchung ganz zu schweigen. Das kann allerdings auch mal positiv ausgehen: unsere Tochter hatte unlängst auf ihrem ordentlich gebuchten und „reconfirmed" Rückflug nach Los Angeles das Vergnügen, wegen Überbuchung in der ersten Klasse reisen zu dürfen.

Bei den Preisen kommt es natürlich sehr auf die Jahreszeit, auf die Länge des Urlaubs und auf die Wochentage der Flüge an. Ich habe oft das Glück, daß genau an den Tagen, an denen ich fliegen will oder muß, die günstigen Tarife nicht anwendbar sind. Wer da seinen Urlaub flexibel gestalten kann, kann viel Geld sparen.

Und dann sind Sie natürlich abhängig von der Leistungsfähigkeit ihres Reisebüros. Die Tarife und Sonderbestimmungen sind so verzwickt, daß man sich da schon gut auskennen muß. Wenn dann noch Sonderwünsche bezüglich der Reisetermine hinzukommen, wird's kompliziert.

Der „Schönling" unter den Vögeln ist der Flamingo. Viele gibt's davon in Busch Gardens, Tampa

Einführung

Ich habe ein wirklich gutes Reisebüro mit ausgezeichneten Fachkräften, aber selbst dort mußte ich fünfmal „Nein" sagen und solange bohren, bis ich genau an den richtigen Tagen meinen Flug nach Miami für unter 1000 DM hatte (es waren dann genau 999.– DM).

Also planen Sie die Reise rechtzeitig, möglichst mit etwas variablen Reisetagen und machen Sie es den Leuten vom Reisebüro nicht zu leicht – schließlich ist es Ihr Geld!

Rechtzeitig buchen sollte man schon, schließlich wimmelt es im Ausland von Deutschen, und zwar sowohl in Florida als auch in Kalifornien, Neuseeland, in New York oder in Südafrika, und wenn auf einem amerikanischen Campingplatz rechts und links von Ihnen ein Go Vacation Camper mit grünen Streifen steht oder ein Motorhome von Cruise America, so können Sie die Nachbarn gleich mit „Guten Morgen" statt mit „good morning" begrüßen, denn es sind mit Sicherheit Deutsche. Überall wimmelt es von den weißgrünen Go Vacation Wagen, und überall tummeln sich Deutsche, denn Go Vacation vermietet seine schrecklich vielen Wohnmobile über DERTOUR fast nur an Deutsche. Auf jeder Vermietstation gibt es deshalb auch deutsch sprechendes Personal, meist Deutsche, und im Streitfalle muß man sich mit dem deutschen Vertragspartner auseinandersetzen. Das ist angenehmer und aussichtsreicher, als wenn Sie vor einen amerikanischen Kadi ziehen müßten.

Und Streit kann es schon mal geben.
So hat man mir einmal ein Wohnmobil von Sonntag bis Sonntag vermietet, obwohl die Mietstation sonntags geschlossen war. Mißtrauisch wie ich bin, habe ich vorher bei der Mietstation angerufen – die Telefonnummer bekommen Sie mit dem Voucher für den Wagen – und dabei habe ich dann erfahren, daß ich meinen Urlaub um zwei Tage kürzen müßte, nämlich von Montag bis Samstag. Mein Reisebüro in Deutschland hat das über den deutschen Vertragspartner dann sehr schnell in die Reihe bekommen: der Mensch in Miami mußte am Sonntag eigens für mich seine Station öffnen!
Die Kosten für diesen Telefonanruf haben sich also bezahlt gemacht. Seien auch Sie ruhig ein bißchen mißtrauisch! Rufen Sie an, ob der Wagen auch wirklich an dem vorgesehenen Tag für Sie reserviert ist.

Vergessen Sie auch nicht, ihren Rückflug drei bis vier Tage vor der Rückreise bestätigen zu lassen. Die Buchung allein reicht nicht aus, und die Aufforderung der Fluggesellschaft bzw. des Reisebüros zur „Rückflugbestätigung" sollte man schon befolgen, ein Anruf bei der Fluggesellschaft genügt.

Auch bei der Übernahme des Wohnmobils sollten Sie nicht zu unkritisch sein. Die Leute sind in der Regel freundlich, machen aber z. B. eine Checkliste über alle Beulen und Kratzer am Wagen und Steinschlag-Schäden an der Windschutzscheibe. Bei der Rückgabe des Wagens wird dann der „Ist Zustand" mit dieser Checkliste verglichen.
Also investieren Sie die Zeit und schauen Sie den Wagen superkritisch an und lassen **alles** ins Protokoll eintragen, Sie ersparen sich Ärger bei der Rückgabe.

Nun noch einmal zum Flug:
Die Lufthansa fliegt mittags von Frankfurt nach Miami und nachts von Miami wieder zurück nach Frankfurt. Das

gibt's zum Holiday-Tarif für etwa 999,– DM. Dann nimmt man ein Wohnmobil von Miami und zurück nach Miami für z. B. 164,– DM pro Tag. Das ergibt bei 21 Tagen 3444,– DM.

Zugegeben, es ist nicht jedermanns Sache, in so einem Wohnmobil zu hausen, aber für passionierte Camper kann es gar nichts Schöneres geben. Wir lieben die Freiheit und Unabhängigkeit dieser Reiseart und sehen die vorgeschlagene Reiseroute nur als „roten Faden" an: das Schöne an der Reise im Wohnmobil ist ja gerade die große Mobilität und Flexibilität, deshalb machen wir die Feinabstimmung der Reise oft erst während der Fahrt, die Straßenkarten und Reiseführer auf dem Eßtisch des Motorhomes ausgebreitet, während der Partner fährt.

Aber auch an die Pkw-Reisenden haben wir gedacht: Am Ende jedes Kapitels habe ich neben einem empfohlenen Campingplatz auch ein mid-price Motel angegeben. Sowohl preislich als auch qualitativ ist man z. B. von der Motel-Kette „Best Western" oder „Motel 6" kaum einmal enttäuscht. Was die Sauberkeit anbelangt, muß man sich keine Sorgen machen: wir haben uns angesichts der pieksauberen Supermärkte überall im Lande für unser so gepriesenes reinliches Old Germany oft genug geschämt.

Im Anhang gebe ich einige Reiseinformationen, Tips für das Anmieten des Wohnmobils finden Sie im nächsten Kapitel. Zu den einzelnen Etappen der Reise sollte man sich Spezialliteratur beschaffen wie z. B. Karten und Beschreibungen der Städte, oder Campingführer. Zu jedem Nationalpark oder Ausflugsort gibt es Spezialinformationen, meist schon am Parkeingang, auf jeden Fall immer im Visitors Center.

Ich möchte Ihnen mit diesem Buch helfen, Ihre Reise möglichst optimal planen zu können, um das Beste aus Ihrem wohlverdienten Urlaub zu machen. Aber auch wer nicht reist sollte sich an den Beschreibungen erfreuen und aus der Ferne die großartige Landschaft Floridas kennenlernen. Vielleicht bleiben auch für ihn die „Fly and Camp Träume" nicht nur Träume …

Das Park Hotel im Art Deco Center von Miami Beach

Egal ob selbstgestrickter Kastenwagen-Camper oder Hunderttausend-Mark-Wohnmobil: Die meisten Reisemobil-Urlauber geben als wichtigsten Grund für diese Urlaubsart die persönliche Freiheit und Unabhängigkeit an, die Losgelöstheit von Fahrplänen, Zimmerreservierungen und festen Zeitplänen.

Das Wohnmobil

Über die bundesdeutschen Straßen rollen bereits über zwei Millionen Wohnmobile, ganz zu schweigen von den Highways in Kalifornien und dem ganzen amerikanischen Westen, wo es von Motorhomes nur so wimmelt.

Mobile Ferienwohnungen sind „in", als Mietobjekt für den Jahresurlaub und als gekaufte Unabhängigkeit für viele freie Wochenenden. Allerdings ist so ein rollendes Ferienhaus nicht gerade billig. Zwischen 30 000 und 130 000 Mark kosten die gängigen Wohnmobilmodelle. Für sein Geld bekommt der „Homemobiler" aber auch ein kleines technisches Wunderwerk: ein fahrbares Urlaubsvergnügen mit bequemen Betten, Kühlschrank, fließendem Wasser, Herd, Toilette und je nach Komfort mit Warmwasserdusche, Stromaggregat, Backofen und Klimaanlage.

Wohnmobile gibt es aber auch zur Miete. Je nach Größe und Ausstattung beträgt der Tagesmietpreis zwischen 100 und 300 Mark. Das große Urlaubsplus: Spezielle Wohnmobilvermieter und internationale Autovermietungen haben – vorausgesetzt man kümmert sich rechtzeitig darum – alle Komfort- und Preiskategorien zur Auswahl; Reisemobile in einfacher Ausführung für unabhängige Wildcamper und Luxusmobile, in denen bequem sechs Personen Platz haben, mit getrennten Schlafräumen, Küche, Wasch- und Duschraum. Und: Vermieter haben immer die neuesten Modelle im Programm.

Die Zahl der Camper, die das ganze Jahr über immer wieder zu Kurzurlauben aufbrechen, wächst ständig. Gleichzeitig berichten Reisebüros von Campern als Neukunden, die mindestens einmal im Jahr eine Flugreise buchen. Damit steht fest: der Trend zum Mehrfachurlaub führt zu mehr Cam-

Frei und ungebunden ziehen wir mit unserem Wohnmobil durch die Lande

Überall in Florida gibt es herrliche Campingplätze

pingreisen, aber auch zu mehr Flugreisen, weil es einen Teil der Wohnwagenbesitzer in die Ferne zieht. Allerdings interessieren sich Jet-Camper bevorzugt für Reisemobile, mit denen sie an dem Zielflughafen sofort auf Tour gehen können.

Der deutsche Motor-Homer in Amerika ist in der Regel ein „Jet-Camper", der sein Reisemobil tunlichst schon in Deutschland gemietet hat und es am Zielflughafen reisefertig vorfindet.

Allein bei dem renommierten Reiseveranstalter DERTOUR buchten im vergangenen Jahr über 10 000 Reisende eine Amerika/Kanada-Reise mit dem Motorhome. Diese Art, ein Stück Amerika zu erobern, ist heute nicht mehr unerschwinglich und bietet ein individuelles Reiseabenteuer, bei dem man sich die Reiseroute und die Länge der einzelnen Etappen selbst zusammenstellen kann. Unser Buch soll Ihnen dabei helfen. Interessant ist dabei eine „Erfolgsstatistik", die ich kürzlich in der Zeitschrift CARAVANING gelesen habe. Danach berichten fast 70 % der befragten Fly & Camp Touristen, die ihre Reise frei und nach unseren Vorschlägen zusammengestellt haben, von „überwiegend positiven Eindrücken und Erfahrungen". Der positive Eindruck von Pauschaltouristen hingegen liegt nach dieser Statistik bei knapp 50 %. Etwa 18 % der Fly & Camp Touristen haben schlechte Erfahrungen gemacht, die Gründe hierfür sind u. a. unzureichende Planung, Unfälle, gesundheitliche Probleme oder Diebstähle.

Vor allen Unbilden können wir Sie nicht schützen, aber bei der Planung wollen wir Ihnen helfen.

Nach wie vor gelten die Vereinigten Staaten von Amerika als das traditio-

nelle Land für diese Art des Reisens. An zweiter Stelle liegt Neuseeland, über das wir in dieser Reihe bereits berichtet haben (Werner K. Lahmann, Mit dem Wohnmobil durch Neuseeland, Drei Brunnen Verlag Stuttgart). Die Reiseschwerpunkte innerhalb der USA sind seit vielen Jahren unverändert: Reiseziel Nummer eins ist nach wie vor Kalifornien mit den angrenzenden Staaten. Unser Buch „Mit dem Wohnmobil durch den Amerikanischen Westen" berichtet aus dieser Gegend. An zweiter Stelle ist dann Florida zu nennen, über

Nett anzuschauen: Die Southern Belles.

das wir in dem vorliegenden Buch informieren wollen. Die dritte Stelle für die Fly & Camp Urlauber, aber sicher das häufigste Ziel aller USA-Reisenden, ist New York. New York ist gewaltig, gigantisch und verrückt, ich habe es in meinem Buch „Mit dem Wohnmobil von Boston nach Florida" gestreift, werde aber gerade für unsere Fly & Camp Urlauber sicher noch ein Buch über diese ganz besondere Stadt schreiben.

Die Amerikaner sind eine reiselustige Nation, erwarten jedoch dieselbe Großzügigkeit und Perfektion von Campingplätzen und Wohnmobilen wie von ihren Wohnungen und Häusern. Reisen ja, aber nicht primitiv. Deshalb gibt es in ganz Amerika eine große Anzahl guter und sehr guter Campingplätze mit allem Komfort, die auch ganz besonders auf die Belange der Wohnmobile eingerichtet sind. Die Einrichtungen eines normalen Campingplatzes umfassen generell: großzügige Anlage des Platzes mit genügend Rangierraum auch für größere Motorhomes, saubere sanitäre Einrichtungen, Waschmaschinen und Trockner, Kinderspielplatz, Schwimmbecken und Lebensmittelladen, sowie abgetrennte Stellplätze für jedes Fahrzeug mit allen nötigen Anschlüssen für Strom, Wasser, Abwasser (full hook up), meist mit rustikalen Picknick-Tischen und Bänken und oft mit eigener Grillstelle. Die einzelnen Stellplätze sind in der Regel so bemessen, daß Ihnen rund um Ihr Wohnmobil noch genügend Bewegungsspielraum bleibt und Sie nicht das Gefühl haben, von Ihren Nachbarn in die Zange genommen zu werden.

Die so ausgestatteten privaten Campingplätze sind nicht ganz billig, zwanzig bis fünfundzwanzig Dollar pro Nacht (Fahrzeug und drei Erwachsene) muß man schon einkalkulieren. Die Plätze in den State Parks sind zwar auch sauber und ordentlich, haben aber meist nicht diesen Komfort und sind deshalb entsprechend billiger, acht bis zwölf Dollar.

Es gibt ganze Campground-Ketten in den USA – ähnlich wie bei uns die Hotelketten – die ein zentrales und kostenloses Reservierungssystem haben. So kann man sich bequem die Reservierung für die nächste Nacht machen lassen. Die bekannteste Kette ist KOA, Kampgrounds Of America, mit meist sehr guten Plätzen, die allerdings nicht ganz billig sind. Trotzdem haben wir wann immer es möglich war, den KOA-Platz aufgesucht, eben weil die Einrichtungen fast immer einwandfrei waren. Ein Verzeichnis mit der Beschreibung aller KOA-Plätze einschließlich Lageskizzen bekommt man kostenlos in der Office jedes KOA-Platzes, und es empfiehlt sich, gleich beim ersten KOA-Platz einen Mitgliedsausweis zu beantragen, dieser kostet sechs Dollar und berechtigt zu einer Ermäßigung von 10% auf allen KOA-Plätzen. Die Aufnahmebestätigung des Platzwartes gilt sofort und kann als Ausweis benutzt werden. Der richtige Ausweis in Form einer Kreditkarte wird Ihnen nach Hause nachgeschickt und erreicht Sie, wenn der Urlaub längst vorüber ist.

Welches Wohnmobil für welchen Urlaub?

Schon ein kleiner Fehler in der Planung kann den teuren USA-Urlaub zur Hölle werden lassen: Klimaanlagen sind in deutschen Autos noch recht selten, deshalb ist man geneigt, die Klimaanlage als erstes dem Rotstift zum Opfer fallen zu lassen. Aber tun Sie das ja nicht! Mieten Sie niemals ein Wohnmobil ohne Aircondition, wenn Sie in den Sommermonaten die Staaten bereisen wollen. Die Hitze in den Wüsten von Arizona, Nevada und Utah und die ungeheuere Schwüle in den Südstaaten sind für uns Europäer unvorstellbar.

Größe und Komfort des Wohnmobils richten sich natürlich nach der Größe der Reisegesellschaft und des Geldbeutels. Es gibt *Folding Camping Trailer* als zusammenklappbare Anhänger, *Travel Trailer* wie sie auch bei uns als Wohnanhänger bekannt sind, *Van's* in der Art unserer VW-Campingbusse (VC Van), *Pick-up-Camper*, das sind Kleinlaster mit Wohnaufbau, und die *Mini-* und *Full Size Motorhomes*.

Für eine drei- oder vierköpfige Familie können wir eigentlich nur ein Full Size Motorhome von 21 Fuß oder etwas größer empfehlen.

Unser über AIRTOURS gemietetes Wohnmobil vom Typ GO 21 des Verleihers „Go Vacations" hatte folgende Einrichtungen: Gesamtlänge 7 Meter (21 Fuß), Schlafgelegenheit für 2 × 2 Personen (2 hinten, 2 im Alkoven), fließend Kalt- und Warmwasser, Dusche, Spültoilette, Backofen, Gasherd, Kühlschrank, Dach-Airconditioner und Heizung, sowie Automatik-Getriebe, Servolenkung und Radio.

Die Übergabe des Wagens in der Vermietstation durch deutschsprachiges Personal war stets gut und zuvorkommend. Der Zustand der Wagen war gut, und die Fahrzeuge waren nicht älter als 2 Jahre, wenn man's so bestellt. Es gibt da nämlich bei der Bestellung des Wohnmobils die Kategorie A, das sind Fahrzeuge nicht älter als 2 Jahre, und die Kategorie B mit den Wagen, die mehr als 2 Jahre auf dem Buckel haben. Die Wagen der Gruppe A sind natürlich etwas teurer, aber es lohnt sich. Zwar würden Ihnen die amerikanischen Verleihfirmen auch keine alte Klapperkiste andrehen, jedoch erfolgt das Anmieten bei einem deutschen Veranstalter (ADAC, DER u.ä.) nach deutschem Recht, und bei Reklamationen ist es sicher leichter, mit einem deutschen Veranstalter zu verhandeln als mit einem amerikanischen.

Auf folgende Punkte sollte man bei der Übernahme des Wagens unbedingt achten:
- Haben die Reifen genügend Profil, ist ein Reserverad vorhanden (spare tire), funktioniert der Wagenheber?
- Ist eine Bedienungsanleitung für das Fahrzeug vorhanden?
- Stromkabel und Wasserschlauch, beides mit heilen Anschlüssen?
- Funktionieren Wasserpumpe und Klimaanlage?
- Wie wird die Warmwasserbereitung eingeschaltet?
- Wie wird der Kühlschrank von Strom auf Gasbetrieb umgeschaltet, funktioniert der Gasbetrieb?
- Funktionieren Blinker und Lichter?
- Halten die Türverschlüsse von Kühlschrank und Kleiderschrank? (das ist wichtig bei Kurvenfahrten!)

Man wird den Wagen mit Ihnen zusammen von außen besichtigen und alle Schäden in ein Protokoll eintragen. Achten Sie gut darauf, daß alle Kratzer und Beulen sowie alle Steinschlagbeschädigungen der Windschutzscheibe, auch kleine Stellen, ins Protokoll aufgenommen werden.

Das Wohnmobil

Das Wohnmobil

Die Mietbedingungen für Wohnmobile des Verleihers Cruise America sehen etwa so aus:

Die Mietstation

Sie können Ihr Fahrzeug an 27 Stationen in USA und Kanada übernehmen und zurückgeben. Die Stationen sind Montag bis Samstag von 9 bis 16.30 Uhr geöffnet. Die Wagenübernahme ist nicht vor 13 Uhr, die Rückgabe nicht nach 11 Uhr möglich. Die Mietstation übernimmt den Transfer vom Flughafen oder vom nahegelegenen Hotel zur Vermietstation und zurück.

Führerschein

Das Mindestalter für Fahrer dieser Wohnmobile ist 21 Jahre. Ein gültiger Führerschein ist Voraussetzung, ein Internationaler Führerschein ist nicht nötig.

Mindestmietdauer

Die Mindestmietdauer ist 7 Tage.

Das Art Deco Center in Miami Beach

Dieser VW Bus paßt so richtig in das Art Deco Center von Miami Beach

Hier stehen wir im Herzen der „Wundermeile" von Panama City

Reservierung und Anzahlung

Sie sollten Ihre Reservierung so früh wie möglich vornehmen. Bei der Buchung wird eine Anzahlung von 25% der Mietkosten erhoben. Der Restbetrag ist 30 Tage vor Mietbeginn fällig.

Versicherungen

Eine Haftpflichtversicherung über 10 Mio $ sowie eine Kaskoversicherung mit 300 $ Selbstbeteiligung sind im Mietpreis enthalten. Mit einer Zusatzversicherung von 6 $ pro Tag kann die Selbstbeteiligung auf 100 $ reduziert werden.

Die Versicherung haftet jedoch nicht für die Beschädigung der Inneneinrichtung, persönliches Eigentum und bei Schäden abseits der Straße, z.B. auf Campingplätzen und an Tankstellen.

Kaution

Bei Übernahme des Fahrzeugs ist eine Kaution von 1000 Dollar zu hinterlegen. Diese Kaution wird bei einwandfreier Rückgabe des Fahrzeugs voll erstattet. Wesentlich unkomplizierter ist es, die Kaution mit einer Kreditkarte zu regeln, dann nämlich wird das Konto nicht belastet und der Kreditkarten-

Zettel bei der Rückgabe einfach zerrissen.

Stornogebühren

Bei Nichtantritt der Reise sind folgende Stornogebühren zu bezahlen: Bis 50 Tage vor Mietbeginn: 200 DM; 49–35 Tage vor Mietbeginn: 35% der Miete und ab 34 Tage vor Mietbeginn 50% der Miete. Der Abschluß einer Reiserücktrittskostenversicherung wird deshalb dringend empfohlen.

Campingausrüstung

Eine komplette Camperausrüstung mit Geschirr, Besteck, Bettzeug, Handtüchern usw. ist bei den meisten Anbietern im Mietpreis enthalten (fragen!). Diese Sachen gehören Ihnen, und Sie können sie nach Beendigung der Reise mitnehmen (Schlafsäcke!). Das sagt Ihnen zwar keiner, ist aber so!

Kosten

Der Mietpreis schließt lokale Steuer und alle Gebühren ein. Er betrug in der Hochsaison 1991 für das oben beschriebene Motorhome 164 DM pro Tag.

Zu beachten sind bei der Kalkulation des Fahrzeugpreises in jedem Falle die besonderen Leistungen des Vermieters, die Nebenbedingungen und die Fahrzeugausstattung. Hier gibt es beachtliche Unterschiede, die man bereits vor dem Anmieten herausfinden sollte. Ein sorgfältiges Studium der Prospekte kann hier viel Geld oder Unannehmlichkeiten sparen.

Neben den schon erwähnten Versicherungsbedingungen muß man darauf achten, wieviele Freikilometer bzw. Meilen im Mietpreis enthalten sind, ob man bei Einwegmieten eine Rückführungsgebühr zahlen muß und wie vollständig das Wohnmobil eingerichtet ist, damit Sie sich nicht im Urlaub einen kompletten Haushalt mit Geschirrtüchern, Bettwäsche, Töpfen und Pfannen anschaffen müssen.

Das Wohnmobil

Immer wieder faszinieren uns die Palmenhaine in Florida, hier im Fairchild Tropical Gardens in Miami

Die Strände von Miami sind nie überfüllt

Welcome to Florida

Leise und gleichmäßig surren die Triebwerke der Boing 747.
Unser LUFTHANSA Jumbo setzt zur Landung in Miami an.
Der Non-Stop-Flug von Frankfurt hat genau neuneinviertel Stunden gedauert, und die Glieder sind etwas steif geworden. Irgendwie sind die Leute jetzt unruhig. Jeder kramt in seinen Taschen herum, sortiert Reisepapiere und Gepäckscheine, die Damen werfen einen letzten kritischen Blick in den kleinen Taschenspiegel, man zwängt die angeschwollenen Füße in die jetzt recht eng gewordenen Schuhe und verstaut die bereits dreimal gelesene Zeitung im Bordcase.
Flugkapitän Paules meldet sich noch einmal um sich von uns zu verabschieden, und der Chef Steward ermahnt uns, das Rauchen einzustellen und die Rückenlehnen senkrecht zu stellen.
Es ist 18:00 Uhr Ortszeit. Das ist lustig, denn wir sind erst heute mittag um 13:45 Uhr aus Frankfurt abgeflogen. Die moderne Luftfahrt macht's möglich. Natürlich hilft uns hier auch die Zeitverschiebung von sechs Stunden zwischen Deutschland und Florida.

Ein modernes Passagierflugzeug ist kein Stuka: der Landeanflug erfolgt im sogenannten Sinkflug, dabei bleibt das Flugzeug stets waagerecht, es sinkt nur ständig tiefer, dabei wird die Fluggeschwindigkeit herabgesetzt auf die für die Landung nötigen 200 bis 250 Stundenkilometer.

Viele bunte Papageien sehen wir im Parrot Jungle von Miami

Im Monkey Jungle laufen die Menschen in käfigartigen Gängen während sich die Affen frei bewegen können

Ein Paradies für Palmenfreunde: Fairchild Tropical Gardens in Miami

Siebenundsiebzig Meter ist er lang, der Jumbo, und fünfundsechzig Meter breit, über die Tragflächen gemessen.

Der Kapitän drosselt merklich die vier riesigen Pratt & Whitney Turbodüsen, von denen jede gut zweieinhalb Meter Durchmesser hat. Dann poltert es unter dem Flugzeug, das sind die vier Vierfachräder des Fahrwerks, die aus einer großen Luke an der Unterseite der Tragflächen ausgestellt werden. Der dadurch erzeugte plötzliche Luftwiderstand bewirkt ein deutliches Abbremsen der Maschine. Ein kleiner Stoß verrät das Ausstellen der Bugräder, und eine weitere Drosselung der Geschwindigkeit erfolgt durch eine Veränderung der Tragflächen: die hinteren Teile werden steil nach unten ausgestellt.

Vorbei ist's mit dem sanften Dahingleiten in zwölftausend Meter Höhe mit 850 Stundenkilometern, einer Außentemperatur von minus 52 Grad und leiser Musik aus den Bordlautsprechern. Jetzt rappelt und zittert das ganze Gehäuse, ächzt unter dem Druck der deformierten Tragflächen und nähert sich, noch leicht den letzten Korrekturen des Piloten folgend, immer mehr den Häusern, Palmen und Autobahnen, die jetzt immer deutlicher unter uns zu sehen sind.

Dann setzt der Jumbo auf der Landebahn auf, sachte, erst einmal, dann endgültig mit einem zweiten kleinen Stoß. Sofort stellt der Captain die Triebwerke auf Leerlauf und die Spoiler der Tragflächen senkrecht nach oben. Jetzt senkt sich auch das Bugfahrwerk auf die Piste, und die Triebwerke werden auf Reverse gestellt, das heißt der Schub erfolgt jetzt nach vorn und die Maschine wird enorm abgebremst.

Eine perfekte Landung!

Einige Leute fangen an zu klatschen.

Romantische Abendstimmung in den Everglades

Welcome to Florida

Alles klatscht mit. Noch bevor das Flugzeug seine endgültige Position erreicht hat, fangen alle an zu wuseln und in den Gepäckkästen herumzukramen. Der Chef Steward ermahnt uns durch die Lautsprecher, noch sitzenzubleiben, aber keiner hört auf ihn. Er gibt noch einmal die Ortszeit bekannt, die Temperatur von 28 Grad und wünscht uns einen schönen Aufenthalt in Florida.

Thank you for flying LUFTHANSA...

*

Aber noch sind wir nicht im Lande der Palmen und weißen Strände.

Wir folgen zunächst den bunten Pfeilen an den Wänden in der Schalterhalle, wo die Paßkontrolle erfolgt. Das kann ein bißchen dauern. Schade, daß wir nicht zu den Einheimischen zählen. Diese eilen durch ein Extratürchen schnurstracks weiter und sind nach einer flüchtigen Paßkontrolle schon auf dem Weg zum Strand oder sonstwohin, während wir geduldig auf die Abfertigung warten. Die Kontrolleure der Einwanderungsbehörde blättern umständlich in ihrem dicken Fahndungsbuch, fragen jeden Ankommenden nach seiner Adresse in den USA, dem Zweck seines Besuches, der Länge des Aufenthaltes und andere Einzelheiten.

Achtung: Vor dem Schalter an der gelben Linie warten, bis der Vorgänger abgefertigt ist, sonst gibt's den ersten Anpfiff!

Der Paß-Mensch fragt normalerweise wie lange man gedenkt in den USA zu bleiben und ob der Anlaß der Reise ein geschäftlicher oder privater sei – natürlich auf englisch (für viele Reisende ist dies der erste Kontakt mit der amerikanischen Sprache).

Bei unserer Antwort auf die Frage nach der Adresse in den USA kommt er ins Schleudern: Wir hätten keine Adresse in den USA. Wir haben ein Wohnmobil in Miami gemietet, das wir jetzt sofort übernehmen werden, und dann leben wir drei Wochen „on the road". Das ist doch nicht verboten, oder?

Nein, das ist zwar nicht verboten, aber eine Adresse in Florida müssen wir schon haben, sonst gibt's keine Einreise.

Wir haben aber keine Adresse, wir leben im Wohnmobil...

Falls auch Sie einmal in diese merkwürdige Lage kommen sollten, prägen Sie sich den Namen eines Hotels ein, das es mit Sicherheit in dem Ankunftsort gibt: Holiday Inn!

Der Einwanderungsmensch will die Adressenzeile ausgefüllt sehen. Also tun wir ihm den Gefallen: Holiday Inn, Miami.

In wenigen Minuten sind Sie dann abgefertigt. Beim Zoll geht's meistens schnell, und dann wird's Zeit, die Mietstation anzurufen.

Amerikaner lieben mobile Ferien. Mit ihren Wohnwagen ziehen sie durch die Landschaft, von einem Campingplatz zum anderen. Campmobile sind keine zweirädrigen Anhänger, die man ans Auto kuppelt, sondern motorisierte Einfamilienhäuser: ausgebaute Kleinlastwagen, die sehr komfortabel, gleichzeitig aber auch schnell und bequem zu fahren sind. Sie haben – wie die meisten Personenwagen – automatisches Getriebe, Servolenkung und -bremsen sowie Klimaanlage.

Die meisten und schönsten Campingplätze liegen natürlich dort, wo die meisten Touristen sind: in den Nationalparks und am Meer.

Die Campinggebühren sind auf den öffentlichen Plätzen sehr gering, in der Größenordnung von fünf Dollar pro Nacht, auf den besser eingerichteten Privatplätzen hingegen meist recht hoch.

Wir hatten unser Wohnmobil schon von Deutschland aus gemietet. Ich kann das nur empfehlen, denn es ist bequem, sicher und preiswert. Der ADAC und das DER bieten Wohnmobile ihrer Vertragspartner an. Das sind seriöse Vermieter, die Mietbedingungen und Preise erfahren Sie beim ADAC oder DER.

Wir hatten uns für einen 21 Fuß Wagen des Typs GO 21 entschieden: 7 m lang, 2,1 m breit, 118 l Abwassertank, 109 l Frischwassertank, 5,7 l Motor mit Automatikgetriebe, 125 l Tank, 4 Tonnen Gewicht, Klimaanlage, Kühlschrank, WC mit Dusche, Gasherd, Spültisch, Backofen, Sitzecke und 2 × 2 Schlafplätzen. Ein sehr komfortables Fahrzeug für drei Personen. Sowas kostet in der Hochsaison 164 DM pro Tag bei unbegrenzter Kilometerleistung.

Nachdem wir den adressenhungrigen Paßmenschen mit dem Holiday Inn-Trick überlistet hatten, klappte alles wie am Schnürchen:
Ich rief die Go Vacation Station in Miami an und meldete unsere Ankunft. Zwanzig Minuten später holte uns ein Kleinbus ab. In der Station wird gut deutsch gesprochen. Ein Go Vacation Girl aus Gießen erklärte mir die Bedienung des Wagens, dann packten wir die Koffer aus und verstauten alles in die Schränke unseres rollenden Hotels. Die lästigen leeren Koffer kann man im Lagerraum der Mietstation lassen. Da der Wagen in Deutschland bezahlt war, mußte ich hier nur noch die Kaution hinterlegen, das heißt einen Abdruck meiner American Express Karte. Dieser Zettel wird bei ordnungsgemäßer Rückgabe des Wagens zerrissen, so daß keine finanzielle Belastung erfolgt.
Noch ein letzter Rundgang um das Auto, dann starten wir zu unserer großen Rundfahrt durch Florida.

Die ersten Meter Fahrt mit dem Ungetüm sind etwas ruppig, und unsere sauber verstauten Habseligkeiten purzeln wild durcheinander, als ich die erste Kurve zu eng nehme und über den Bordstein fahre, aber mit jedem Kilometer wird die Fahrt besser. Man ist ja flexibel!
Die Mietstation von Go Vacations in Miami ist 1451 SE 9th Court in Hialea ganz in der Nähe des Flugplatzes, Tel. (3 05) 887-0060. Auf der 9th Court fahren wir rechts herum bis zur SE 8th Street, dort links abbiegen bis zur 8th Avenue, die nach der Unterführung des Florida Turnpike „Lejeune Rd." heißt. Dort ist rechterhand ein Einkaufszentrum, wo wir einen Grundvorrat an Lebensmitteln und Getränken einkaufen, einschließlich einem Grill für 2 Dollar 99, den wir für unsere vielen Steak und Salat Dinner brauchen.
Weiter geht es auf der Lejeune Rd. bis zur SR 836 Ost in Richtung zur I-95. Auf dieser fahren wir dann nordwärts bis zur SR 826 East, auf der es drei Meilen sind bis zur US 1. Diese heißt hier „Biscayne Blvd.", und nach 1.3 Meilen südlich auf der US 1 liegt links der KOA Platz „Miami Nord", auf dem wir uns für die ersten beiden Nächte einnisten.

*

Florida ist der touristisch am stärksten entwickelte Bundesstaat der USA. Da kommt auch das vielbereiste Kalifor-

Welcome to Florida

nien nicht mit. Schuld daran sind das warme Klima das ganze Jahr hindurch, die endlosen weißen Strände, die großen Naturschutzgebiete der Everglades und die Zauberwelt von Micky Maus und seinen Freunden in der Nähe von Orlando.

Florida liegt zwischen 25 und 30° nördlicher Breite, also etwa auf der Höhe der Kanarischen Inseln. Es ist eine große Landzunge, die den Golf von Mexico vom Atlantik trennt. Von Kuba sind die USA durch die Straße von Florida getrennt. Die Gesamtfläche der Halbinsel beträgt 151 939 qkm, das Land ist potteben, hat zahlreiche Seen und 13 560 km Küste, die sich fast durchweg als Badestrand anbietet. Der größte See im Inland ist der *Lake Okeechobee*, der mit seinen 1800 qkm zu den größten Gewässern der USA zählt. Es soll auf Florida rund weitere 30 000 Süßwasserseen geben, insgesamt bestehen 11 683 qkm der Halbinsel aus Wasser.

Am 27. März 1513, es war der Ostersonntag, landete der spanische Konquistador *Juan Ponce de Leon* an der Ostküste der Halbinsel und nannte sie nach dem Tag dieser Landung „Pasqua de Flores", woraus dann später „Florida" wurde. Das Land war von Indianerstämmen besiedelt, die in Dörfern lebten und sich von Ackerbau und Viehzucht ernährten.

Die Spanier bemühten sich dann intensiv, das Land zu besetzen. Die eingeborenen Indianer hingegen verhielten sich recht feindselig, nur im Norden des Landes begann sich ein Handel mit ihnen zu entwickeln. Als sich dann aber im 17. Jahrhundert die Engländer in Carolina breitmachten, kam es mehr und mehr zu Streitigkeiten zwischen diesen europäischen Mächten, worun-

In den subtropischen Gärten von Miami ist es heiß, feucht – und manchmal recht bunt

ter auch die Eingeborenen zu leiden hatten. Kriege und Krankheiten löschten fast alle Indianer Nordfloridas aus. Sie wurden nach und nach ersetzt durch die Vorfahren der heutigen *Seminole Indianer*, die aus den Gebieten des heutigen Georgia in den Süden zogen. Aber nicht nur die Indianer zogen in den Süden: Zu Beginn des 19. Jahrhunderts blühte das Baumwollgeschäft auf, und immer mehr Weiße zog es in den Süden, um von diesem Boom zu profitieren. Sie versuchten, die Indianer zu verdrängen, und es kam zu erbitterten Kämpfen. In dem Seminole Krieg von 1835 bis 1842 wurden die Seminole-Indianer von Regierungstruppen fast vollständig ausgerottet. Nur eine kleine

Am Rickenbacker Causeway warten wir auf die Dämmerung, um die Silhouette von Miami im Schein der untergehenden Sonne zu fotografieren

Welcome to Florida

Gruppe von etwa 150 Seminole konnten sich in den Sümpfen der Everglades verstecken. Heute hat sich ihre Zahl verzehnfacht, und erst kürzlich gaben sie den Widerstand gegen die Eingliederung in die amerikanische Gesellschaft auf.

Die 80er Jahre des vorigen Jahrhunderts brachten die erste Welle des wirtschaftlichen Aufschwungs Floridas. Sümpfe wurden trockengelegt, riesige Orangenplantagen wurden angelegt, und um Tampa herum siedelte sich eine kräftige Zigarrenindustrie an. Auch die ersten Touristen kamen, weil sie die Sonne und die weiten Strände schätzen lernten. Zuerst kamen sie als „tin can tourists", die in Zelten lebten und sich aus Konservendosen ernährten. So richtig bergauf ging es dann aber, nachdem zwei steinreiche Amerikaner in diesen Bundesstaat investierten: *Henry Flagler* und *Henry Plant*. Beide bauten Eisenbahnen, Plant an der Westküste und Flagler an der Ostküste. Er verlängerte die Eisenbahnlinie entlang der Atlantikküste bis St. Augustine, weiter bis Palm Beach und Miami, und er gab nicht auf, bis seine Eisenbahn schließlich Key West erreichte.

Mit dem Bau der Eisenbahnen entstanden auch Hotels und später Luxushotels, und es begann ein Aufschwung sondergleichen. Der Erste Weltkrieg konnte den Boom nur kurzzeitig dämpfen um ihn dann verstärkt anzuheizen. Im Winter 1926 wurde dann plötzlich alles anders. Der Winter war sehr kalt, es regnete, die Orangen erfroren und die Wintertouristen froren auch. Sie kehrten in den Norden zurück, die Grundstückspreise fielen, und ein schlimmer Hurrikan verwüstete das Land. Dann kam die Rezession und 1935 ein weiterer Hurrikan, der die Eisenbahnlinie nach Key West zerstörte. Nach dem Zweiten Weltkrieg jedoch begann ein neuer wirtschaftlicher Aufschwung, der bis heute anhält und dem Bundesstaat alljährlich Tausende neuer Bürger beschert. Besonders den Rentnern gefällt das warme Klima das ganze Jahr hindurch, und so hat Florida jetzt die meisten Senioren: jeder fünfte Bürger ist älter als 65. Für Millionen arbeitender Amerikaner gilt Florida als Belohnung für jahrzehntelange harte Arbeit.

Im ganzen Land herrscht ein warmes Klima mit sehr heißen und schwülen Sommern und milden Wintern. Die Lufttemperatur im Dezember und Januar beträgt 17 bis 24 Grad, im Juli hingegen wird es über 30 Grad warm. Die Hitze und der Regen in den Sommermonaten schafft im mittleren und südlichen Florida schon tropische Verhältnisse.

So ist denn auch die Flora entsprechend südländisch: wir finden Orchideen und Azaleen, Palmen und Orangen, Zypressen, Hibiskus, Kamelien und die wunderschöne Bougainvillea, alle natürlich das ganze Jahr hindurch. Dennoch bleibt selbst zwischen Weihnachten und Neujahr, Floridas Hochsaison, der Strand gegenüber den europäischen Verhältnissen nur mäßig besucht. Zwar gibt es Ballungspunkte wie Miami Beach, Fort Lauderdale oder Palm Beach, aber mit unserem Wohnmobil sind wir ja sehr flexibel, und die 1600 km Sandstrand können von den sommerhungrigen Europäern selbst in der Hochsaison nicht ge- oder gar überfüllt werden.

Deshalb keine Angst vor der Hochsaison – in Florida finden Sie immer ein erholsames Plätzchen!

Miami – Traum vieler Menschen in aller Welt und Ziel unzähliger Reiseveranstalter und Kreuzfahrer.
Florida – die Tropen-Halbinsel im Süden der Vereinigten Staaten.
Sonne, Meer und Strand, die unergründlichen Sümpfe der Everglades, Palmen, Orchideen und saftige Früchte, und Flipper, der schlaue Delphin im

Die Traumstrände von Miami

weltbekannten Seaquarium Floridas. Endlich sind wir da, ein Traum wird wahr, ein Traum von weißen Stränden, Palmen, südlichem Flair und herrlichem Badevergnügen in Miami.
Dabei meinen wir eigentlich Miami Beach, wenn wir von Miami sprechen, denn die Stadt Miami selbst ist eine Großstadt mit 400 000 Einwohnern mit einer gesunden und kräftigen Wirtschaft und entsprechenden Hochhaus-Komplexen.
Nein – wir meinen den Stadtteil Miami Beach, den Kurort auf der vorgelagerten Insel, die vom Festland durch die etwa 4 km breite *Biscayne Bay* getrennt ist.
Sechs Straßen bzw. Brücken verbinden die Insel mit dem Festland, die südlichste dieser Straßen ist der *Rickenbacker Causeway*. Er führt zum Hafen und zum Miami Seaquarium. Hochhäuser gibt's hüben und drüben, aber während es in Miami City Büro- und Bankhochhäuser sind, finden wir am

Strand von Miami Beach nur große und kleine Hotels, mehr große als kleine, wegen der großen Nachfrage an Miami-Reisen besonders in Deutschland.
Collins Avenue ist Miami Beachs Hauptstraße. „The Strip" wird sie auch genannt, in Anlehnung an die weltberühmte Straße gleichen Namens in Las Vegas. Die breite, von Nord nach Süd verlaufende Straße ist die Pulsader von Miami Beach. Hier finden wir alle Hotels und Restaurants, und ein gutes Bus-System verbindet die einzelnen Abschnitte des Seebades, so daß auch diejenigen Besucher, die vom Internationalen Flughafen mit dem Bus in ihr Hotel fahren, keine Schwierigkeiten haben, sich innerhalb des Ortes zu bewegen. Der nördliche Teil der Insel ist (noch) nicht so dicht bebaut wie der untere Teil, dort findet man auch einige preiswertere Hotels. In der Saison verdreifacht sich die Einwohnerzahl von Miami Beach von 100 000 auf 300 000. Dann gleicht der ganze Ort einem großen Bade- und Erholungskomplex. Doch obgleich der Strand hier 16 km lang ist, gibt es nur einige Stellen mit öffentlichem Zugang, z.B. ganz im Süden zwischen fünfter und fünfzehnter Straße am Lummus Park, sowie weiter oben am Fuße der 21st, 46th und 64th Street, denn die vielen großen Hotels beanspruchen den größten Teil des Strandes. Da aber die meisten Besucher sowieso mit dem Flieger kommen, ist das kein großer Nachteil. Im Gegenteil, jeder ist froh, daß er gleich am Hotel seinen eigenen Liegeplatz hat. Und das „Strandlaufen" ist ja nicht verboten. Nur uns Wohnmobilisten trifft es. Wir haben Schwierigkeiten, unser Vehikel zu parken und sind dann natürlich auf die eingeschränkten Bademöglichkeiten in der Nähe der öf-

Die Traumstrände von Miami

fentlichen Strandzugänge angewiesen. Wenn wir diese beiden Probleme gemeistert haben, gehören wir zu den 200 000 Besuchern, die sich hier in der Hochsaison tummeln und die vielen Unterhaltungsmöglichkeiten des Seebades wahrnehmen. Ich selbst habe die besten Erfahrungen bezüglich der Parkmöglichkeiten ganz am Südende von Miami Beach gemacht, also in der Nähe des Art Deco Districtes.

Ganz anders dagegen ist Miami City. Dies ist eine typische amerikanische Stadt mit furchtbar viel Autoverkehr und nur einem kleinen Stadtkern. Die Silhouette von Miami wird von hohen Bürogebäuden und mehreren riesigen Luxushotels gebildet, das größte ist der *One Biscayne Tower* mit 139 Metern Höhe und 500 Zimmern, gefolgt vom *Omni International Hotel* mit 90 m Höhe. Andere Hochhäuser sind das *Miami Center, Miami World Trade Center, New World Tower, Cen Trust Tower* und das *Convention Center.* Die *Omni International Mall,* Northeast 15th Street am Biscayne Blvd. ist eines der großen Einkaufszentren, gemütlicher ist es aber im *Bayfront Park* an der Ostseite des Biscayne Blvd., hier gibt es viele kleine und hübsche Geschäfte und Restaurants, und die Anlage erinnert etwas an Bostons „Quincy Market".

Hier in der Nähe, zwischen SW 8th und 11th Street, gibt es eine Gegend, die als Miamis *Klein Havanna* bezeichnet wird. Mit dem riesigen Einwanderungsstrom aus Kuba in den 60er Jahren hat sich das Stadtbild von Miami sehr verändert. Der Anteil der Latinos ist so groß, daß die Straßen in Klein Havanna in englischer und spanischer Sprache angeschrieben sind. Es gibt viele Geschäfte und Restaurants mit kubanischen Spezialitäten, man trinkt Cafe Cubano (ähnlich wie Espresso) oder Cafe Con Leche, Kaffee mit heißer Milch.

Coconut Grove, südlich des Rickenbakker Causeway an der Biscayne Bay, ist Miamis ältester Stadtteil. Hier leben Künstler und solche, die meinen, welche zu sein. Dieser Stadtteil wird deshalb auch als *Bohemian Section* bezeichnet. Ein Spaziergang durch dieses Viertel ist sehr amüsant. Bei 3390 Mary Street kommt man zum *Mayfair Shopping Center,* das ist eines der exklusivsten Einkaufszentren der USA. Südlich von Coconut Grove liegt die vornehme Wohnsiedlung *Cable Estate,* sorgfältig abgeschirmt, mit millionenschweren Luxusvillen in prächtigen Gärten mit teilweise eigenen Hafenanlagen.

*

In Miami Beach sollten wir nicht versäumen, den *Art Deco District* zu besuchen.

Miami Beach verdankt seinen großen „boom" nicht dem Goldrausch, sondern seinem milden Klima und den herrlichen Stränden. Der große „boom" war in den zwanziger Jahren: Von 1921 bis 1930 entstanden an der Waterfront 72 neue Hotels, bis 1940 stieg die Zahl sogar auf 279 an. Aber im Gegensatz zu der Expansion der Badeorte in unserer Zeit entstanden damals keine nur auf Funktionalität und Wirtschaftlichkeit ausgerichteten Bettenburgen aus Beton und Glas, sondern farbenfrohe und verspielte zwei- bis dreigeschossige Häuser, mit bunten Fassaden in hellblau, pink und weiß, die Fenster mal lang und schmal, dann wieder kreisrund wie Bullaugen eines Ozeandampfers. Überhaupt erinnern diese Häuser an die riesigen Straßenkreuzer mit ihren Flos-

Schiffe, Strand und Palmen am Golf von Mexiko

Die Traumstrände von Miami

sen-Hecks der damaligen Zeit, an Weltraumschiffe oder bunte Kinderbaukästen. Röhrengeländer, geometrische Muster, abgerundete Ecken oder Bleistifttürmchen beherrschen diesen Baustil, der wegen seiner oft stromlinienförmigen Fassaden auch als „Streamline Moderne" bezeichnet wird.

Bunt sind sie und verspielt, diese Häuser an der *Collins Avenue* und am *Ocean Drive*, und auf den ersten Blick werden sie uns vielleicht als eine Ansammlung baufälliger Hotels und Miethäuser vorkommen, deren Glanzzeit vorüber ist und die jetzt notdürftig aufgemöbelt worden sind, aber Richard Hobermann, der Präsident der „Miami Design Preservation League (MDPL)" belehrt uns bei einer geführten Tour durch Miamis Art Deco District, daß dieser einmalig in der Welt sei.

Und in der Tat, als nach dem Zweiten Weltkrieg der Glanz dieses Viertels, in dem in den dreißiger Jahren Künstler wie Bing Crosby, Benny Goodman und Fred Astair zu Hause waren, verblasste, drohten die Prachtbauten zu verfallen und die ganze Gegend zu veröden.

Da gründeten 1967 einige Bürger die MDPL und erreichten durch zähe Verhandlungen mit der Regierung in Washington, daß der Bereich am Ocean Drive und der Collins Avenue zwischen fünfter und fünfzehnter Straße, also im wesentlichen die Häuserzeile am *Lummus Park*, unter Denkmalsschutz gestellt wurde. Für über einhundert Millionen Dollar wurden etwa 800 Häuser renoviert, und heute erinnert die Häuserzeile am Ocean Drive an eine bonbonfarbene Kulisse aus einem alten Hollywood Film. Jetzt ist diese Gegend „in", und die „Großen" investieren kräftig. Hilton hat das Hotel Fountainbleu für 25 Millionen Dollar verjüngt, und auch Burger King präsentiert sich im Art Deco Look.

Dabei ist der Art Deco District im südlichen Miami Beach weder ein Freilichtmuseum noch ein müdes Pennerviertel. Noch vor 20 Jahren, als diesem Bezirk der Verfall drohte, wohnten hier Pensionäre in preiswerten Wohnungen, es gab keine Kneipen oder Restaurants, es war ruhig und moderig.

Heute soll das Durchschnittsalter bei 27 Jahren liegen, es wimmelt in den vielen Straßencafés, Bars und Restaurants, und die Straßenränder sind zugeparkt mit nicht immer den billigsten Autos.

Der Art Deco District in Süd Miami Beach ist einmalig in der Welt und wird sicher einmal genauso anziehend werden wie die Old Town in Key West oder wie Old St. Augustine.

Geführte Touren durch das Art Deco Center gibt es jeden Samstag um 10:30 Uhr ab 661 Washington Street, Miami Beach, die Tour dauert etwa 90 Minuten, kostet 5 Dollar, und Voranmeldungen sind möglich unter **(305) 672-2014**.

Zum Art Deco Center gelangen wir ganz einfach, wenn wir die A1A südlich fahren und dann in der Höhe der 11. Straße zu parken versuchen. Man kann das am Straßenrand, in den Verbindungsstraßen zwischen Collins- und Ocean Drive sowie auf einigen Parkplätzen. Es sind dann nur wenige Schritte bis zum Ocean Drive, zum Lummus Park und zum Strand, der hier sehr breit, sehr lang, sehr weiß und sehr gepflegt ist.

*

Einige der bekannten Sehenswürdigkeiten liegen außerhalb des Stadtkerns:

Über 12 Millionen Besucher aus aller Welt haben die herrlichen tropischen Gärten des *Parrot Jungle* in den 54 Jahren ihres Bestehens besucht. Der subtropische Dschungel ist authentisch, gut gepflegt und liebenswert gestaltet. Neben vielen Papageien und anderen Vögeln, sehen wir tropische Bäume und Blumen, Kakteen und einen sehr hübschen Flamingo Garten mit über 75 Flamingos. Im *Parrot Bowl Theater* werden sechsmal täglich Vorführungen mit trainierten Kakadus und Makaos gezeigt. Die Vögel können Fahrrad und Roller fahren, können Spiele spielen und sich mit ihrer Trainerin unterhalten. Natürlich gibt es einen Souvenierladen und das Parrot Cafe. Der Dschungel liegt an der US 1, 18 km südlich vom Stadtkern von Miami. Die genaue Anschrift ist:
Parrot Jungle and Gardens,
11 000 SW 57 Ave.,
Miami, FL 33 156,
(3 05)666-7834.

Eintritt 10.50 Dollar, geöffnet ist täglich von 9:30 bis 18:00 Uhr.

Ganz in der Nähe liegt das Palmenparadies *Fairchild Tropical Gardens*, und zwar an der Old Cutler Road. Wenn wir vom Parrot Jungle die 57.Avenue etwas weiter nach Süden fahren, kommen wir zu der Abzweigung der Old Cutler Road, die scharf links abgeht. Wir folgen ihr wenige Kilometer und finden dann rechter Hand den Eingang und Parkplatz zu den Tropischen Gärten. Der Eintritt beträgt 5 Dollar. Man sollte vielleicht zunächst für 1 Dollar extra die Fahrt mit dem offenen Kurbähnle machen, dabei bekommt man einen Überblick über den ganzen Park, im Anschluß daran kann man sich zu Fuß dann noch einmal die schönsten Stellen des Parks ansehen und fotografieren.

Wer ein Palmen-Fan ist, wie ich, wird hier sicher seine helle Freude haben. Wer hingegen Palmen hasst, sollte diesen Ort meiden, denn Fairchilds Tropical Gardens ist der Welt größter Palmengarten, es gibt viele tropische Gewächse zu sehen auf einem Gelände von 34 ha mit mehreren Seen, wirklich ein netter und erholsamer Spaziergang.
Fairchild Tropical Gardens,
10901 Old Cutler Road,
Miami, FL 33 156,
(3 05)667-1651.
Täglich 9:30-16:30 Uhr,

22 km weiter im Süden an der US 1, also etwa 40 km südlich vom Stadtkern von Miami, liegen rechts der Straße gleich zwei weitere Dschungel: der Orchideen Dschungel und der Affenpark. Blumenfreunden schlägt das Herz höher in dem 4 ha großen *Orchid Jungle*. Über 8000 prachtvolle Orchideen aller Farben und Formen hängen an alten tropischen Bäumen in einem urwaldähnlichen Park, und in den Gewächshäusern kann man lernen, wie die Orchideen gezüchtet werden. Dies ist sehr mühevoll und zeitaufwendig, und nach dem Besuch der Zuchtanstalt verstehen wir besser, warum diese Blumen mit den bizarr geformten Blüten so teuer sind. Der Garten ist täglich außer Weihnachten und Thanksgiving geöffnet, und zwar von 8:30 bis 17:30 Uhr, Eintritt 5 Dollar, die genaue Anschrift ist:

Fennell Orchid Jungle,
26 715 S.W. 157th Ave.,
Homestead, FL 33031,
(3 05)247-4824.

Die Traumstrände von Miami

Die Traumstrände von Miami

Überall laden breite Strände zum Baden ein

Einige Straßenzüge nördlich, an der 216th Street, liegt der *Monkey Jungle*, 14805 S.W. 216th Street, Miami, FL 33170, **(305)235-1611**.

Hier spazieren die Menschen in käfigartigen Gängen herum, während sich die Affen im Dschungel frei bewegen können. **Monkey Jungle – Where Humans Are Caged And Monkeys Run Wild**. Auch dieser Park ist über 50 Jahre alt, und wir sehen hier außer den Affen wieder wunderschöne tropische Blumen und Bäume. Stündlich gibt es ein „Affentheater", und der dichte Regenwald begeistert uns auch in diesem Park wieder sehr. Eintritt 5 Dollar, geöffnet ist täglich von 9:30 bis 17:00 Uhr.

Interessant und nur 10 Autominuten über den Rickenbacker Causeway vom Stadtkern Miami entfernt, ist das bekannte *Miami Seaquarium*. Dies ist Floridas größtes tropisches Aquarium mit über 10000 Meerestieren, darunter der 10000 Pfund schwere Killerwal Lolita und der bzw. die aus dem Fernsehen bekannten Flipper. Geöffnet ist täglich von 9:30 bis 18:00, Eintritt $ 14.95, die genaue Anschrift ist:

Miami Seaquarium,
4400 Rickenbacker Causeway,
Key Biscane, FL,
Telefon **(305)361-5703**.

Der Rickenbacker Causeway schwingt sich in weiten Bögen zu den beiden Inseln *Virginia Key* und *Key Biscane*. Auf beiden Inseln gibt es herrliche Badestrände. Wer nur baden will, findet überall weißen Strand, weites, blaues Meer, kleine Wälder und einsame Dünen, aber auch große Strände mit riesigen Parkplätzen, Picknickplätzen und den unvermeidlichen Pommes-Buden. Die meisten Leute fahren jedoch weiter bis zur Südspitze der Insel, zum *Bill Baggs Cape Florida State Park* mit Leuchtturm und großem Badestrand.

Abends, wenn wir zurückkommen von den schönen Badestränden auf Key Biscane, haben wir auf der Rückfahrt einen wunderschönen Blick auf die Skyline von Miami. Wenn wir sie fotografieren wollen, sollten wir gleich hinter der großen Brücke rechts abfahren zu

Im Theater of the Sea zeigt der Delphin seine Kunststücke

dem kleinen Parkplatz direkt am Wasser. Hier liegt die Silhouette der Stadt genau vor uns, und wir können die Abenddämmerung abwarten, um die Skyline in der aufkommenden Dämmerung zu fotografieren. Der Himmel wird langsam dunkel und die ersten Lichter werden an und in den Hochhäusern eingeschaltet. Vom Wasser weht jetzt eine leichte Brise, die uns nach dem heißen Tag am Strand sehr willkommen ist. Und der Kühlschrank in unserem Wohnmobil liefert uns einen kühlen Trunk – das Leben ist schön!

Miami

Weltberühmter Badeort im Südosten von Florida
500 000 Einwohner
(Miami City 400 000, Miami Beach 100 000)

Visitors Center	*Miami Beach Visitors Center* *555 17th Street* *Miami Beach, FL 33139* **(305)673-7070**
Camping	*Miami North KOA* *14075 Biscayne Blvd.* *Miami, FL 33181* **(305)940-4141** 26.05 $
Motel	*Hawaiian Isle Beach Resort* *17601 Collins Ave.* *Miami Beach, FL 33139* **(305)932-2121** 60.00 $
Highlights	*Parrot Jungle* *Orchid Jungle* *Monkey Jungle* *Seaquarium* *Fairchild Tropical Gardens* *Art Deco Center*
Distanz	*Start*

Von Hollywood bis Palm Beach

Fast noch schöner als Miami ist *Fort Lauderdale*, 40 km nördlich von Miami. *Venice of America* – das Venedig von Amerika wird die Stadt genannt wegen ihrer 250 Meilen künstlich angelegter Kanäle, an deren Ufern prächtige Villen stehen von Amerikanern mit mächtig viel Geld. Man kann sie wasserseitig sehen auf der sehr empfehlenswerten Rundfahrt mit der *Jungle Queen*. Abfahrt 10:00 und 14:00 Uhr vom Bahia Mar Yacht Center an der Rt A1A in Fort Lauderdale (9.50 $ plus 8 $ fürs Parken, drei Stunden). Der andere Beiname der Stadt ist *Yachting Capital of the World* – die Jachthauptstadt der Welt. In den Kanälen wimmelt es von teuren Jachten, und alle namhaften Bootshersteller sind hier vertreten.

Die „Hauptstraße" in Fort Lauderdale ist die A1A. Sie führt dicht vorbei an den herrlichen Sandstränden und ist bei weitem nicht so verbaut wie Miami Beach. Fast der ganze Strand ist öffentlich, und große Parkplätze nehmen den größten Teil der Autos auf. Deshalb wäre eigentlich Fort Lauderdale mehr zu empfehlen als Miami, besonders für Leute wie wir, die nicht in einem der Hotels von Miami Beach direkt am Strand wohnen.

*

Von Miami nach Fort Lauderdale und in die noch weiter nördlich gelegenen Gebiete kann man auf drei Routen fahren: Schnell und kostenlos ist die Autobahn I-95, ebenfalls schnell aber kostenpflichtig ist der Florida Turnpike, aber die landschaftlich schönste Strecke ist die A1A Nord, das ist die Küstenstraße, die durch all die kleinen Orte führt mit Ausblicken auf das Meer, vorbei an Stränden und tollen Anwesen direkt am Strand, durch Badeorte, Parks und über Meeresarme, die mitunter tief in das Land einschneiden.

Aber Zeit muß man haben. Die Küstenstraße ist immer voll, und besonders an Wochenenden quält man sich von Ampel zu Ampel und überlegt, ob man nicht doch am nächsten Hinweisschild zur Autobahn auf eine dieser schnellen Straßen ausweichen sollte. Aber wir wollen ja nicht Kilometer raspeln, sondern das Land kennenlernen, und dies kann man nur auf der A1A. Gleich nördlich von Miami kommen wir nach *Hollywood*, das ist ein Badeort mit 121 000 Einwohnern mit einem 6 km langen Strand und einer schönen Promenade. Die Sehenswürdigkeiten der Stadt sind einmal *Six Flags Atlantis* in der Stirling Road an der I-95, das ist ein 26 ha großer Wasserspielpark mit Wellenbädern und riesigen Wasserrutschen, man sieht den Park rechts an der Autobahn liegen, wenn man nicht die A1A, sondern die I-95 nordwärts fährt. Die zweite Sehenswürdigkeit des Ortes ist das Indianerzentrum *Okalee Village Seminole Indian Reservation*, mit kunstgewerblichen Arbeiten der Seminole Indianer und Alligator-Vorführungen.

Auch in Florida waren die Indianer die Ureinwohner. Als die Spanier 1513 nach Florida kamen, gab es dort große Indianerstämme, die sich von der Landwirtschaft, der Jagd und dem Fischfang ernährten. Die Spanier bemühten sich, mit den Indianern zu handeln, stießen aber größtenteils auf Feindschaft. Im Südwesten Floridas lebten etwa 3000 Calusa, an der Ostküste lebten die Stämme der Ais, Jiga und Tekesta, in Zentralflorida die Timucua. Die Gesamtzahl der damaligen Indianer wird auf 15 000 bis 25 000 geschätzt. Diese Zahl schrumpfte dann aber recht bald. Kindesopfer – das erste Kind wurde dem Stammeshäuptling geopfert – und Stammeskriege dezimierten die Bevölkerung stark, und die Berührung mit den Europäern brachte neue Krankheiten wie Masern und Windpocken. Etwa 12 000 Indianer wurden von Sklavenhändlern verschleppt und viele starben in den folgenden Kriegen bei der Verteidigung ihres Landes. Bereits 1560 soll die Bevölkerung auf ein Viertel der ursprünglichen Stärke zusammengeschmolzen sein. In die verlassenen Gebiete zogen Indianer vom Stamme der Oconee Creeks ein, die in Georgia beheimatet waren. In Florida nannte man sie Seminolen, die „Wilden", das sind die Vorfahren der heutigen Seminole Indianer. Die spanischen Kolonisatoren versuchten mit aller Gewalt, das Land in ihren Besitz zu bekommen und die Ureinwohner zum Katholizismus zu bekehren. Mit der Ansiedlung der Engländer in Carolina begann eine starke Rivalität der Europäer in diesem Gebiet, und mehr und mehr Siedler trieb es in den verlockenden Süden. Sie benötigten Land, das sie den Indianern wegnahmen oder durch trickreiche Verträge abgaunerten.

Dieses Streben gen Süden dauerte auch an, nachdem die Vereinigten Staaten gegründet waren. Aber auch die Streifzüge der amerikanischen Armee durch ihre Ländereien duldeten die Indianer nicht, und im Jahre 1817 eskalierten die Zusammenstöße zu einem regelrechten Krieg, dem ersten Seminole Krieg von 1817 bis 1818. Drei Jahre nach Beendigung dieses Krieges trat Spanien das Land offiziell an die USA ab, dessen Armee das Land schon seit geraumer Zeit beherrschte. Man schloss 1823 in Moultric Creek einen Vertrag mit den Indianern, an den sich aber niemand hielt. Die Spannungen zwischen den stets unterlegenen Indianern und den Regierungstruppen blieben bestehen, ja wuchsen sogar immer stärker an, und vier Tage nach Heiligabend 1835 entflammte der Zweite Seminole Krieg. Er dauerte bis 1842 und endete wiederum mit einer Niederlage der Indianer, sie wurden verjagt, nur einige wenige konnten sich in den Sümpfen Südfloridas verstecken. Die heutigen Seminole Indianer sind alle Nachkommen dieser Überlebenden aus den Sümpfen.
Inzwischen haben sich die Seminole wieder vermehrt, es gibt heute etwa 7000, sie sind alle Bürger der Vereinigten Staaten, leben in der Umgebung von Miami auf einem Gebiet von etwa 320 Quadratkilometern, und das Kriegsbeil zwischen den Seminole und der amerikanischen Regierung ist seit 1934 begraben.

*

Es geht dann weiter nach *Fort Lauderdale*, und wenn wir dort die herrlichen Strände sehen, glauben wir nicht, daß es hier bis vor hundert Jahren nur Sumpf und Einöde gab. Im Krieg gegen die Seminole Indianer wurde hier ein hölzernes Fort errichtet, das nach Major William Lauderdale aus Tennessee benannt wurde. Aber auch nach Beendigung des Krieges 1857 entwickelte sich die Landschaft nicht, das Fort zer-

Von Hollywood bis Palm Beach

Von Hollywood bis Palm Beach

fiel, und die Mangroven beherrschten weiterhin das Land. Erst mit der Eisenbahnlinie nach Miami, von dem reichen Henry Flagler errichtet, kam Leben in dieses Land, und die Stadt begann sich zu entwickeln. Leicht war das in den Mangrovensümpfen nicht, und erst die geniale Idee von Charles Green Rodes ermöglichte das eigentliche Wachstum der Stadt. Er nämlich ließ das Sumpfland durch Kanäle entwässern, und diese Kanäle prägen noch heute das Bild dieser Stadt. „Venedig von Amerika" wird die Stadt genannt, und ein großer Teil des Lebens spielt sich auf den 250 Meilen Kanälen ab, die heute von Palmenwegen und schönen Anwesen gesäumt sind. „The Strip" wird auch hier die Hauptvergnügungsstraße genannt, und hier findet man allabendlich einen großen Teil der 30 000 Besucher der Stadt. Die Haupt-Einkaufsstraße ist Las Olas.

Außer der *Dschungel Queen* und dem 15 km langen weißen Sandstrand bietet Fort Lauderdale die Dschungel-Insel *Flamingo Groves*, die Meeresschau *Ocean World*, die in keinem Ort Floridas fehlen darf und den *Hugh Taylor Birch State Park* mit einer Miniatureisenbahn.

Und nochwas gibt's in Fort Lauderdale: Im Haus 3016 E. Commercial Boulevard finden wir ein Restaurant mit dem Namen „The Ambry" – American & German Food. Und darunter ein Schild „*Gerd Muellers Ambry*". Wie unser Fußballer Gerd Müller. Ja, er ist es, der Ex-Kicker vom FC Bayern München. Unter der Telefonnummer **(305) 771-7342** können Sie eine Tischreservierung machen in Gerd Müllers Steak- und Fisch-Restaurant.

Fort Lauderdale hat 153 000 Einwohner und gehört zu den wenigen Städten der USA, die ordentlich geplant worden sind. Die Stadt besteht aus lauter quadratischen Feldern, die durch die Kanäle abgeteilt sind. Durch diese Planung ist die Stadt nett und übersichtlich gewachsen und macht nicht, wie die meisten amerikanischen Städte, den Eindruck von bunt zusammengewürfelten Laubenkolonien. Hinzu kommt natürlich, daß hier nicht die Ärmsten der Nation wohnen, die Anwesen längs der Kanalwege zeugen von Wohlstand und Wohnkultur. So ist es eine Freude, diese Stadt zu Fuß, mit dem Auto oder – was am schönsten ist – mit dem Boot zu entdecken. Man kann noch im nachhinein ins Schwärmen geraten.

Und wer Sport treiben will, hat hier die Gelegenheit zu allen Disziplinen: Wasserski, Tennis mit öffentlichen Plätzen im Holiday Park, im F. C. Hardy Tennis Center und im Sunland Park. Reiten, Golf, Angeln, Radfahren, Shuffleboard, Jai Alai und Squash runden das Bild ab. Nur mit dem Polo Spiel ist's so eine Sache: da kommt nicht jeder ran.

Das spielt man in Boca Raton, der nächsten Stadt auf der A1A aufwärts.

*

Boca Raton ist eine reiche und vornehme Stadt. Man merkt's gleich, wenn man reinkommt: Die Straße verbreitert sich zu einer attraktiven Allee, von Palmen umsäumt, sauber und gepflegt. Gepflegt sind dafür auch die Preise der Hotels, allerdings wird dafür auch alles Erdenkliche geboten. Wer einmal Tennis ganz vornehm möchte, der sollte sich im Boca Raton Hotel einmieten, sofern seine Dollars es erlauben. Der Architekt Addison Mizner hat es erbaut, 1926, nannte es damals „The Cloister", obgleich es alles andere als ein Kloster ist. Das Haus erinnert an die großen Hotels in Cannes oder Nizza, und die Zufahrt zu dem Hotel gehört sicher zu den attraktivsten Straßen Floridas. Wer das Wohnmobil einmal mit höchstem Luxus vertauschen möchte, bitte: Boca Raton Hotel and Club, P.O.Box 225, Boca Raton, FL 33432 **(305)395-3000.**

Die Badeorte gehen hier nahtlos ineinander über, und bei unserem stop-and-go merken wir kaum, daß wir durch die Orte Delray Beach und Lantana kommen. Lake Worth erkennen wir an einem unauffälligen Ortsschild, finnische Einwanderer haben es in den dreißiger Jahren gegründet. Hier hatte ich ein nettes Erlebnis, das die Floridianer „Lagniappe" nennen: Das Wort stammt aus dem Kreolisch-Spanischen, und es gibt dafür keine deutsche Übersetzung. „Lagniappe" ist die nette kleine Zugabe des Kaufmanns an seinen Kunden, das freundliche Lächeln der Bedienung, die ausführliche Beschreibung des Weges für den arm dreinschauenden Ortsunkundigen, und an der Kasse des Supermarktes werden die Sachen fein ordentlich in große Tüten verstaut. „Lan-Japp", wie man es ausspricht, erlebte ich auch an der Straßenkreuzung in Lake Worth: der Zeitungsjunge rennt von Auto zu Auto und preist lauthals seine Zeitungen an. Diese Burschen sind arme Tröpfe. Sie rennen den ganzen Tag zwischen den Autos herum, atmen die stinkenden Abgase ein und verdienen dabei nicht gerade wie die Weltmeister. „Have a nice day" wünscht er mir, obgleich ich bezüglich der Zeitung abwinke. Das ist Lagniappe.

*

Dann kommen wir nach Palm Beach, das ist nun wieder nicht zu übersehen.

*

Das Beste vom Besten oder eine Oase für reiche Nichtstuer – so wird **Palm Beach** genannt.
Haben wir schon beim Ortseingang von Boca Raton den Reichtum gerochen, hier in Palm Beach riecht es geradezu nach Dollars. Kennen Sie den Geruch von Dollars? Hier riechen, spüren und sehen Sie den Reichtum. Aber schauen Sie nicht zu auffällig rüber zu den riesigen Palästen in schier unüberschaubaren Parkanlagen: Neugierige sind hier unerwünscht, man ist gern unter sich, obgleich die Touristen nicht gerade verjagt werden. Fragen Sie in der Worth Avenue gar nicht erst nach den Preisen der Uhren in den Auslagen, Sie können sie doch nicht bezahlen. Und das „schicke Abendessen" müssen wir auch nicht gerade hier absolvieren: hier bleiben wir lieber in unserem gemütlichen Wohnmobil und überlassen den Reichtum denen, die sich darin baden. Henry Flagler, der reiche Eisenbahnbauer, legte auch diesen Ort an, und zwar schon 1890, und was er sich vorgestellt hat, ist bis heute erhalten: eines der elegantesten Winter-Seebäder. Auch hier hat der Architekt Addison Mizner gewirkt, das Royal Poinciana Hotel ist eines der vornehmsten. Breite Palmenalleen, sandige Strände, lauschige Kanäle, exklusive Einkaufszentren und natürlich die vielen prächtigen Villen und Anwesen bestimmen das Bild dieses Ortes, der nur 9700 Einwohner zählt.
Vom alten Glanz der Stadt ist noch nichts verblichen. Das Breakers Hotel ist immer noch die Nummer eins für Millionäre und Multimillionäre, denn

Von Hollywood bis Palm Beach

Von Hollywood bis Palm Beach

noch nicht alle haben einen eigenen Besitz in Palm Beach.
Aber auch früher schon waren die Floridianer nicht zimperlich in Punkto Geld: Nach dem amerikanischen Bürgerkrieg von 1861 bis 1865 wurde in den Nord- und Südstaaten neues Geld gedruckt. Florida nun war zwar Mitglied der Konföderation, meinte aber, eigenes Geld besitzen zu müssen. So entwarfen sie fälschungssichere Banknoten mit dem Aufdruck „State of Florida" und druckten munter drauf los. 40 verschiedene Werte, darunter eine 500 Dollar Note, zu damaliger Zeit wahrlich eine gigantische Banknote. Natürlich wurde damit die Inflation geschürt, und der Geldverfall war die Folge dieses munteren Treibens. Wenn's so einfach wäre, könnten auch heute viele Finanzprobleme einfach in der „Münze" gelöst werden. Bei Sammlern jedoch hat der Florida Dollar heute einen ansehnlichen Wert.

„Die goldene Küste Floridas" – diesen Beinamen erhielt der Strandabschnitt zwischen Miami Beach und Daytona Beach wegen seiner herrlichen Strände und des ganzjährigen milden Klimas.
Palm Beach – die beste Adresse an der goldenen Küste Floridas.
Und wissen Sie, wie die Palmen da hingekommen sind?
Eine Bootsladung von 100 spanischen Matrosen landete hier im Jahre 1878, und alles was sie hatten, waren 100 Kisten Wein und 20000 Kokosnüsse. Was sollten sie mit 20000 Kokosnüssen? Die Spanier verkauften die Nüsse für 20 Dollar an einen schlauen Strandbewohner, der wiederum soll die Kokosnüsse einzeln für jeweils einen halben Nickel an seine Mitmenschen verkauft haben, und diese vergruben sie, da sie keine andere Verwendung dafür hatten, im Sand. So bekam der Strand seine Palmen und der mondäne Ort seinen Namen.
Die Goldene Küste reicht von Miami bis Palm Beach. Exklusive Badeorte wie Boca Raton oder Palm Beach sind natürlich sehr teuer, besonders die Geschäfte und Hotels direkt am Strand. Deshalb begeben wir uns zum Übernachten 18 Meilen ins Inland, wir empfehlen den KOA Platz „Lion Country Safari" am Southern Boulevard, 15 Meilen westlich von der I-95 an der rechten Seite, wir müssen dazu nur den Wegweisern zum Lion Country folgen.

Palm Beach

Badeort, 100 km nördlich von Miami
9700 Einwohner

Visitors Center	*Palm Beach Visitors Bureau*
	1555 Palm Beach Lakes Blvd.
	West Palm Beach, FL 33416
	(407)471-3995
Camping	*Lion Country Safari KOA*
	Southern Blvd, P.O.Box 16066
	West Palm Beach, FL 33416
	(407)793-9797 20.00 $
Motel	*Best Western SeaSpray Inn*
	123 S Ocean Drive
	Palm Beach Shores, FL 33404
	(407)844-0233 95.00 $
Highlights	*Fort Lauderdale*
	Fahrt mit der Jungle Queen
	Flamingo Groves
	Boca Raton
Distanz	*Miami Beach – Palm Beach* **100 km**

Das John F. Kennedy Space Center

Eine Rakete ist ein Fluggerät, das seinen Bewegungszustand durch den Rückstoß eines Strahles schneller Teilchen verändern kann, wobei es die zur Erzeugung des Strahls notwendige Masse und Energie selbst mitführt, also unabhängig von seiner Umgebung funktionsfähig ist.

Die Bewegungsgleichung der Rakete ist ein typisches Beispiel für die Dynamik veränderlicher Massen und ergibt sich sofort aus der Konstanz des Gesamtimpulses: Ist M die Masse der Rakete und v ihre Geschwindigkeit zum Zeitpunkt t, entsprechend M+dM bzw v+dv zum Zeitpunkt t+dt (mit dM kleiner Null), und ist c_0 die Strahlgeschwindigkeit relativ zur Rakete, so gilt in einem Inertialsystem

$Mv = (M+dM)(v+dv) - dM(v+c_0)$,

oder bei Vernachlässigung von $dM \times dv$: $Mv' = Mc_0$.

$m = -M$ ist der Massedurchsatz je Sekunde und mc_0 der Schub der Rakete. Wenn c_0 antiparallel zu v und konstant ist, erhält man durch Integration die *Ziolkowskische* Gleichung

$v(t) = v_0 + c_0 \ln(M_0/M(t))$,

d. h. der Geschwindigkeitszuwachs der Rakete ist nur eine Funktion der Massenverhältnisse $\mu = M_0/M$.

Man sieht: Raketen ins Weltall schikken ist furchtbar einfach!

In der Tat bedarf es einer ungeheueren Konzentration an physikalischem Wissen, Genialität, technischer Einrichtungen und Geld, eine Rakete zum Mond zu schicken. 40 Milliarden Dollar soll der Flug zum Mond gekostet haben.

Die Amerikaner haben nach dem zweiten Weltkrieg Männer wie Wernher von Braun, Kurt Debus, Hans Grüne, Karl Sendler und weitere 120 Wissenschaftler in die Vereinigten Staaten geholt, um das ehrgeizige Raumfahrt-Projekt zu verwirklichen. Einst mit der Entwicklung der V 2 Rakete in Peenemünde beschäftigt, arbeiteten sie jetzt an der friedlichen Erforschung und Nutzung des Weltraumes. Der schwäbische Physiker Dr. Karl Debus war es, der das Gelände von Cape Canaveral als „Weltraumbahnhof" vorschlug, und bereits 1953 kam es auf dem Cape zu ersten Tests einer Kurzstreckenrakete. Der Genius eines Wernher von Braun hatte die Raumfahrt Gestalt annehmen lassen, und am 20. Juli 1969 konnten die ersten Menschen den Mond betreten. Die großen Männer der Raketenforschung sind tot, Wernher von Braun starb 1972, Hans Grüne 1979 und Kurt Debus 1983, aber viele tausend Menschen arbeiten in der NASA an der Verwirklichung eines alten Traumes der Menschheit, unser Leben auf andere Planeten auszudehnen und mit „Weltraumfähren" durchs All zu schwirren. Was vor noch gar nicht langer Zeit Utopie und nichterfüllbarer Wunsch war, ist heute schon bald alltäglich, und die Starts und Landungen des Space Shuttle werden von der Öffentlichkeit längst nicht mehr so intensiv verfolgt, wie 1957 der Flug der russischen Hündin Laika ins Weltall.

Ist es für uns schon bald unfaßbar, daß

Das John F. Kennedy Space Center

sich ein vollbepackter Jumbo Jet in die Luft erheben kann, so grenzt es fast an ein Wunder, daß man eine riesige Rakete mitsamt dem Raumschiff und vielen Tonnen Nutzlast ins Weltall schicken kann. Und doch beruht alles im Grunde nur auf wenigen physikalischen Grundsätzen, an die wir uns sicher noch aus der Schulzeit erinnern:
Da ist zunächst der physikalische Lehrsatz: Aktion gleich Reaktion oder Stoß erzeugt Gegenstoß.
Versuchen Sie einmal, von einem Ruderboot aus ein anderes Boot anzuschieben. Das gelingt, aber Ihr eigenes Boot wird dabei in die entgegengesetzte Richtung abgetrieben, und zwar um so stärker, je kleiner es ist im Verhältnis zu dem Boot, das Sie schieben wollen. Diesen Vorgang kennt jeder, aber das ist schon das Grundprinzip der Raketentechnik.
Das zweite Grundprinzip ist der Lehrsatz „Kraft gleich Masse mal Beschleunigung", an den sich einige sicher noch erinnern. Auch das kennen wir alle aus dem Alltag, wenn wir einmal unser streikendes Auto anschieben müssen. Die Kraft, die wir dazu aufwenden müssen, ist um so größer, je größer das Auto ist (größere Masse) oder je schneller wir es bewegen wollen (größere Beschleunigung). Für eine Beschleunigung, die das Auto in 10 sec von 0 auf 100 km/h bringt, benötigen wir hingegen schon einen Motor mit etlichen PS. Und dieser wiederum beschleunigt ein kleines Auto mit geringer Masse stärker als eine große Familienkutsche.
Der „Schub" der Rakete wird dadurch erzeugt, daß viele Millionen kleiner Teilchen durch die Verbrennung mit großer Geschwindigkeit ausgestoßen werden und als Gegenstoß die Rakete aufwärts bewegen. Außerhalb der Atmosphäre, wo es keine Energieverluste durch die Reibung mit der Luft mehr gibt, und außerhalb der Erdanziehungskraft, bleibt die Bewegung des Flugkörpers konstant erhalten, so daß der eigentliche Flug zum Mond ohne Treibstoff erfolgt.
Um in diese Höhe zu gelangen, bedarf es allerdings einer schier unvorstellbaren Energie: Die Saturn V Rakete z. B. ist 121 Meter lang, hat ein Gewicht von 3000 Tonnen und einen Startschub von 3250000 kp, der Treibstoffverbrauch ist dabei 2,5 Tonnen pro Sekunde.
Die Rakete ist dreistufig aufgebaut, wobei jede Stufe nach Verbrauch des Treibstoffs abgestoßen wird. Übrig bleibt dann nur noch das im Kopf der Rakete montierte Weltraumfahrzeug mit einem kleinen Triebwerk für die Rückreise.
Die moderne Raumfahrt erfolgt heute mit dem Space Shuttle Fahrzeug.
Das ist ein flugzeugähnliches Raumschiff, das an drei Raketen montiert ist. Zwei Feststoffraketen bringen das Space Shuttle in eine Höhe von 40 km. Dort werden die Raketen abgesprengt, sie fallen etwa 150 km entfernt in den Ozean und werden dort aufgefischt und für weitere Starts verwendet. Der weitere Antrieb des *Orbiters* erfolgt dann durch seine eigenen Triebwerke, die aus einem riesigen externen Treibstofftank versorgt werden. Dieser ist 47 m lang, 8,7 m im Durchmesser und faßt 1,89 Millionen Liter Treibstoff. In einer Höhe von 112 km wird er ebenfalls abgesprengt, verglüht dann aber beim Eintritt in die Erdatmosphäre. Das Raumschiff ist jetzt auf sich selbst angewiesen und wird mit kleinen Antriebswerken gesteuert und dann auch wieder zur Erde zurückgeleitet. Die

Das John F. Kennedy Space Center

Gewaltig sind die Abschußrampen der Raketen auf Cape Canaveral

Landung erfolgt dann wie bei einem Segelflugzeug. Diese Raumschiffe können wie Flugzeuge immer wieder verwendet werden.

*

Der erste Erdsatellit *Sputnik I* wurde am 4. Oktober 1957 von der Sowjetunion gestartet. Das erste Lebewesen im Weltraum war die russische Hündin *Laika*, ebenfalls 1957. Die Amerikaner gründeten daraufhin 1958 die NASA – National Aeronautics and Space Administration, und schickten am 5. Mai 1961 ihren ersten bemannten Flugkörper ins All, die Freedom 7 mit *Alan Shepard* an Bord.

Am 20. Februar 1962 umkreiste *John Glenn* als erster Amerikaner die Erde, und an dem historischen 20. Juli 1969 betraten die Amerikaner *Neil Armstrong* und *Edwin Aldrin* als erste Menschen den Mond, *Michael Collins* steuerte das Raumschiff.

Die Europäer begannen am 18. Juli 1978 mit dem Start ihres ersten Forschungssatelliten, und das *Space Shuttle* Programm der Amerikaner begann am 12. April 1981. Erwähnt werden muß noch das sowjetisch-amerikanische Gemeinschaftsprojekt *Apollo-Sojus*, bei dem im Weltall das amerikanische Apolloraumfahrzeug an das sowjetische Raumschiff Sojus angekoppelt wurde.

Heute werden von allen großen Ländern Nachrichten- und Wettersatelliten auf eine Umlaufbahn um die Erde gebracht um wichtige Daten zu erfassen und zur Erde zu senden bzw. die Kommunikation auf der Erde über weite Strecken zu erleichtern, z.B. das Satelliten-Fernsehen.

Mit dem Space Shuttle Programm der Amerikaner begann ein neues Kapitel der Weltraumfahrt, der Pendelverkehr (shuttle) zwischen Erde und Weltall. Das *Space Shuttle* wurde von der NASA, der Nationalen Aeronautics- und Raumfahrtsbehörde, entwickelt. Die NASA verwaltet und betreibt das Raumtransportsystem, mitinbegriffen die Koordinierung von Abschuß- und Raumflugerfordernissen für den zivilen, öffentlichen, kommerziellen und militärischen Gebrauch.

Das John F. Kennedy Space Center

Das Raumfähresystem besteht aus drei Hauptbestandteilen: dem Raumschiff, das die Erde umkreisen wird, zwei massiven Antriebsaggregaten und einem externen Tank, in dem sich Treibstoff und Oxidationsmittel befinden.

Die Fähre kann Fracht mit einem Gewicht von bis zu 29 484 kg zur Erdumlaufbahn befördern und dort plazieren. Besagte Fracht wird in einem Laderaum von 5 m Durchmesser und 18 m Länge befördert. Sie kann auch aus dem Weltraum Fracht zurückbringen, die bis zu 14 515 kg wiegen kann.
Die Raumfähre kann eine achtköpfige Flugbesatzung transportieren. Die Basiseinsatzzeit im Weltraum beträgt sieben Tage, durch zusätzliche Vorräte kann diese Zeit auf 30 Tage ausgedehnt werden.
Die Besatzungskabine der Raumfähre hat ein Arbeitsklima fast wie auf der Erde. Die Beschleunigungskraft beim Abschuß und beim Wiedereintritt in die Erdatmosphäre ist niemals größer als die dreifache normale Schwerkraft, so daß auch nichtastronautische Mitarbeiter wie z.B. Wissenschaftler und Ärzte als Besatzungsmitglieder teilnehmen können.
Die Fähre wird in aufrechter Stellung gestartet, wobei der notwendige Schub von drei Haupttriebwerken und den beiden massiven Antriebsaggregaten gewährleistet wird. Ungefähr zwei Minuten nach dem Start sind die Aggregate, das sind auf unserem Foto die beiden schlanken, weißen Raketen, ausgebrannt, sie lösen sich von der Fähre und schweben an Fallschirmen zum Atlantischen Ozean hinab, wo sie zwecks Wiederverwendung aufgefischt werden.
Die Hauptmotoren bleiben ungefähr weitere acht Minuten in Gang. Nachdem der Tank sich geleert hat, löst er sich von der Fähre ab und verglüht. Dieser externe Tank, auf unserem Foto der dicke, rostrote Behälter, ist der einzige Bestandteil des Raumtransportsystems, der nicht wiederverwendet wird. Das Raumschiff selbst ist auf unserem Foto nicht zu sehen.
Die Mission beginnt kurz nach dem Eintritt in die Erdumlaufbahn, wenn die Besatzung das Leben und Arbeiten im Weltraum beginnt, z.B. im Weltraumlaboratorium *Space Lab*, am NASA-Weltraumteleskop und anderen Experimentierstationen.

*

Wir übernachten auf dem KOA Platz Cocoa, wenige Meilen südlich vom Space Center. Von dem KOA Platz in West Palm Beach bis dorthin sind es 210 km, die wir auf der Autobahn I-95 in $3\frac{1}{2}$ Stunden abspulen können.
Schöner ist es jedoch, auf der US 1 zu fahren und all die kleinen Badeorte anzuschauen, die wir entlang der Küste finden. Natürlich ist dieser Weg zeitlich wesentlich aufwendiger, dafür aber abwechslungsreicher. Unser Zeitplan wird hier die Entscheidung für uns treffen: Wer einen ganzen Tag opfern kann, sollte unbedingt die Fahrt auf der US 1 machen.
Über Juno Beach, Stuart und Port St. Lucie kommen wir nach *Fort Pierce*, 112 km nördlich von Palm Beach.
Der Ort widmete sich lange Zeit dem Versand von Zitrusfrüchten, jetzt ist aber auch hier der Fremdenverkehr lukrativer geworden. Die Orangenplantagen, Lager- und Verpackungseinrichtungen kann man jedoch auf einer „Citrus Tour" kennenlernen, die von Fort Pierce aus und auch ab Vero Beach starten.

Der Tourenbus bringt uns dicht an die Raketen-Abschußrampe

Das John F. Kennedy Space Center

Etwas weiter nördlich auf der US 1 kommen wir nach *Vero Beach*. Hier gibt es ein Restaurant, das wir nicht versäumen sollten: Das *Driftwood Inn* ist ein seltsames Gebäude, das aus Treibholz (driftwood) errichtet wurde und mehr einem Schiffswrack als einem Restaurant ähnelt.

Vor der Stadt liegt eine langgestreckte Insel, hier finden wir prächtigen Sandstrand, schöne alte Villen und wie überall an der „Goldenen Küste" frohes Badevergnügen. Hier in der Nähe ging im Jahre 1715 die spanische Silberflotte unter, von dem Gold finden Sie aber am Strand heute nichts mehr. Die geborgenen Schätze können im „McLarty State Museum" 22 km nördlich an der A1A besichtigt werden.

In *Melbourne* haben wir etwa 3/4 der heutigen Etappe zurückgelegt. Wenn wir viel Zeit haben, können wir hier nach Osten abbiegen auf die A1A, die sich direkt an der Küste entlangschlängelt, sehr langsam ist, aber dafür herrliche Ausblicke auf den Atlantik bietet. Nach einer Tagesetappe von insgesamt 210 km steuern wir dann unseren heutigen KOA Platz an. Dazu müssen wir kurz vor Cocoa aufpassen und die SR 502 nicht verpassen. Wir fahren 2 Meilen West und finden den Platz dann an der rechten Seite.

Morgen wollen wir das J. F. Kennedy Space Center auf Cape Canaveral besuchen. *Cape Canaveral* ist eine Landzunge, die weit ins Meer hineinragt. 1950 flog vom Cape Canaveral die erste Rakete in den Himmel. Am 5. Mai 1961 startete hier der erste bemannte Weltraumflug und 1969 flogen Armstrong und Aldrin von hier aus auf den Mond. Vom Campingplatz aus fahren wir auf der I-95 nordwärts bis zur Abfahrt „*J. F. Kennedy Space Center*". Die Abfahrt ist gut ausgeschildert, wir müssen jedoch darauf achten, dem Wegweiser „John F. Kennedy Space Center" zu folgen und nicht denen nach Cape Canaveral.

Am Visitors Center gibt es einen gigantischen Parkplatz, und man sollte sich dann zunächst um Karten für eine der Besichtigungstouren bemühen. Geöffnet wird um 9 Uhr, wer jedoch nach 10 Uhr kommt muß mit Wartezeiten bis zu 90 Minuten rechnen.

Es werden zwei Touren angeboten: Die *Rote Tour* und die *Blaue Tour*. Die rote Tour ist interessanter und deshalb überlaufener. Sie zeigt uns das Space Center mit den Abschußrampen während die blaue Tour mehr auf die Geschichte der Raumfahrt eingeht und deshalb Cape Canaveral mit der Air Force Station zeigt.

Riesig sind die Antriebswerke der Saturn-Rakete

Die Tour dauert etwa 2 Stunden und kostet 4 Dollar. An interessanten Stellen werden Foto-Stops gemacht, dort ist das Fotografieren erlaubt. Auf der Tour sehen wir das Kontrollgebäude, das Trainigszentrum, die Raumfahrzeugmontagehalle, den Raumtransporter und eine der Abschußrampen. Dieses ist der interessanteste Fotostop, und mit dem 300er Tele kann man die Rakete gut fotografieren.

Das Space Center ist täglich geöffnet von 9:00 bis 17:00 Uhr außer Weihnachten. Informationen über den nächsten Raketenstart erhält man über **(800)432-2153**.

*

Als das Cape Canaveral 1947 als Raketen Testgelände entdeckt wurde, hatten die Naturschützer große Bedenken um die ursprüngliche Natur dieses einmaligen Küstenstreifens. Millionen von Wasservögeln, Alligatoren und Meeresschildkröten lebten hier, und man machte sich große Sorgen um ihre Existenz. Die Befürchtungen haben sich jedoch nicht bestätigt. Im Gegenteil: Die Sicherheitszonen um die Startrampen entwickelten sich zu einem einzigartigen Naturschutzgebiet, in dem über 250 verschiedene Vogelarten Zuflucht gefunden haben. *Merritt Island National Wildlife Refuge* heißt das 56 600 ha große Naturschutzgebiet, und die gelegentlichen Raketenstarts stören die Tiere offensichtlich nicht.

Man findet viele Mövenarten und Wasservögel, Stelzvögel, Reiher und Störche und auch den seltenen weißköpfigen Seeadler. 70 000 Enten sollen hier regelmäßig überwintern.

*

Beim Rausfahren stehen wir plötzlich an einer T-Straße und müssen uns blitzschnell entscheiden für rechts oder links. Einen Wegweiser haben die Weltraumforscher hier vergessen. Rechts geht's weiß Gott wohin, wer sich jedoch für links entscheidet, fährt richtig. Da wir uns kraft einer gütigen Eingebung für links entschieden hatten, kamen wir über den „NASA Parkway" alsbald auf die SR 405 und dann zur Kreuzung mit der I-95, der wir nach Norden folgen, um dann nach 34 Meilen rechts abzubiegen nach *New Smyrna Beach*. Dort gehen wir auf den KOA Platz New Smyrna Beach in der Old Mission Road No. 1300.

Das John F. Kennedy Space Center

Kennedy Space Center

Amerikanisches Raumfahrtzentrum auf Cape Canaveral
45 Meilen östlich von Orlando
34 000 ha

Visitors Center	*Visitors Center TWRS* *Spaceport USA* *Kennedy Space Center, FL 32899* **(800)432-2153**
Camping	*Cocoa Beach KOA* *820 Barnes* *Rockledge, FL 32955* **(407)636-3000** **20.00 $**
Motel	*Best Western Executive Motel* *4001 N. Atlantic Ave.* *Cocoa Beach, FL 32913* **(407)784-1260** **60.00 $**
Highlights	*Bus-Tour RED Line*
Distanz	*Palm Beach – Cocoa KOA* **210 km** *Cocoa KOA – Space Center* **48 km** *Space Center – New Smyrna Beach* **80 km**

Mit dem Auto am Strand von Daytona Beach

Wie leer wäre unser Alltag, wenn plötzlich die Autos verschwunden wären! Auch wenn uns dieser Gedanke für einen Moment begeistern sollte: Es wäre uns nicht zu wünschen. Das Auto ist heute fest in unser Leben integriert, sowohl in den Beruf als auch in die Freizeit.

Das Auto gibt es schon seit über hundert Jahren, und den Erfindern bereitete es einiges Kopfzerbrechen, die Kraft des Verbrennungsmotors mittels Riemen oder Kette auf eine Antriebsachse zu übertragen. *Gottlieb Daimler* und *Karl Benz* haben um die Jahrhundertwende die ersten straßentauglichen Autos gebaut. *Henry Ford* begann 1913 mit der Großserienfertigung von Autos am Fließband in Amerika. Damit wurde das Auto in Amerika bald für normale Sterbliche erschwinglich, in Europa war das Auto zu der damaligen Zeit noch ein Luxusartikel. Ganze zehn Autos gab es 1907 in Deutschland, zu Beginn des Jahres 1988 hingegen waren es dann bereits etwa 400 Millionen auf der ganzen Welt.

Mit der Möglichkeit, sich mit dem Auto schnell fortbewegen zu können, sehr schnell mit den heutigen Fahrzeugen, wurde auch der sportliche Instinkt der Fahrer herausgefordert, und schon gleich nach der Erfindung des Automobils wurden mit diesen Dingern Rennen veranstaltet, erstmals im Jahre 1895. Natürlich gab es noch keine Rennbahnen, und die Straßen waren noch nicht asphaltiert, aber Rennen wurden gefahren, über kurze Strecken und bald nach der Jahrhundertwende bereits über 2000 und 3000 km. Die Rennstrecken führten damals zum Teil durch Ortschaften, in denen das neue Fortbewegungsmittel noch gar nicht bekannt war. Die Autos hatten technische Mängel, es gab Schwierigkeiten mit Lenkung und Bremsen und viele Un-

Der Strand von Daytona Beach kann mit dem Auto befahren werden – auch mit dem Wohnmobil!

Natürlich kommt in Daytona Beach auch das Eisauto direkt an den Strand

fälle, die auf die mangelnde Fahrpraxis der „Rennfahrer" und den schlechten Straßenzustand zurückzuführen waren. Das mit dem Straßenzustand ist heute umstritten, denn heute fährt man Autorennen auf viel schlechteren Straßen. Trotzdem wurden in Frankreich sehr bald die Autorennen auf öffentlichen Straßen untersagt, und die Auto-Fans mußten sich mit „Rennen" zufriedengeben, bei denen eine Durchschnittsgeschwindigkeit vorgegeben war. Diese Wettbewerbe wurden nach dem englischen Wort *rally* im Französi-

Mit dem Auto am Strand von Daytona Beach

schen *rallye* genannt, was soviel heißt wie Treffen, Zusammenkunft oder Sternfahrt. Die heutigen Rallyes sind alles andere als Spazierfahrten, die bekannteste Rallye ist wohl die *Rallye Monte Carlo* über drei Etappen: die Anfahrtsstrecke, die in acht europäischen Städten losgeht und Monte Carlo als Ziel hat, dann eine gemeinsame Etappe über 1500 km und danach für die sechzig besten Fahrer die „Nacht der langen Messer", eine Nacht-Etappe über 600 km. Eine Rallye jedoch ist kein Geschwindigkeitsrennen: Die Durchschnittsgeschwindigkeit ist 60 km/h, diese Geschwindigkeitsbegrenzung ergibt sich ganz einfach aus der französischen Straßenverkehrsordnung.

Auch den Allradwagen gibt es praktisch schon von Anbeginn. Es war der damals 25 jährige *Ferdinand Porsche*, der bei Lohner in Wien das erste Allradauto baute, das auf der Weltausstellung in Paris große Beachtung fand.
Ja, wie leer wäre unser Alltag, wenn plötzlich die Autos verschwunden wären.
Und wie leer wäre der Strand von Daytona Beach, wenn dort plötzlich alle Autos verbannt würden.
Ja, Sie haben richtig gelesen: die Autos am Strand von Daytona Beach!
Es gibt nicht nur die berühmte Rallye von Monte Carlo oder die Autorennen am Hockenheimring, nein, auch die Autorennen von Florida sind einigermaßen bekannt. Sie werden in Sebring am Okeechobee See veranstaltet und in *Daytona Beach*. Hier gibt es alljährlich im Februar ein 500 Meilen und ein 24 Stunden Rennen und im Juli das „Firecracker 400" Serienwagenrennen. Hier in Daytona Beach wurde bereits im Jahre 1911 ein Weltrekord aufgestellt: 228,094 Stundenkilometer von Bob Burmann auf einem 200-PS-Daimler. Ermöglicht wird die Raserei durch den harten, festen Sand dieses Strandabschnittes. Henry Flagler war im Winter 1900 mit einer Gruppe Winterurlaubern von St. Augustine heruntergekommen, als einer seiner Gäste bemerkte, daß er mit seinem Fahrrad kaum Spuren in dem feuchten Sand hinterließ. So wurde diese Piste entdeckt, und bereits im Jahre 1902 wurde das erste Rennen organisiert. Bald wurden die Rennen immer schneller, Sir *Malcolm Campbell* nagelte 1935 mit 445 Stundenkilometern über den Strand, aber für derartige Geschwindigkeiten war der Sand denn doch nicht geeignet, und die Wahnsinnigen zogen auf die ausgetrockneten Salzseen in Utah, wo sie sich fortan austoben.

Fahren darf man auf dem Sand von Daytona Beach aber immer noch. Zwar gilt eine generelle Geschwindigkeitsbegrenzung von 10 Meilen pro Stunde, aber ein Besuch dieses Strandes per Auto gehört zum Florida-Programm.
Sie sollten es wirklich machen, denn für uns Europäer ist es schon erstaunlich, Tausende von Autos am Strand unmittelbar am Wasser fahren und parken zu sehen. Das ist zum Leidwesen der Einheimischen leider nicht einmalig auf der Welt: In meinem Buch „Mit dem Wohnmobil durch Neuseeland" beschreibe ich die Strandfahrt mit dem Auto an der Ninety-Mile-Beach im Norden der Nordinsel, nur daß sich dort nicht Tausende von Autos am Strand entlangwälzen, sondern nur einige Touristen oder Sightseeing Busse, denn Neuseeland ist so dünn besiedelt, daß man den Strand getrost als

Mit dem Auto am Strand von Daytona Beach

Autobahn benutzen kann. Warum auch nicht, man stört ja keinen.
In Daytona Beach stört man auch keinen, denn der andere fährt genauso neugierig an diesen Strandabschnitt, wie Sie selbst. Also keine Hemmungen und hinein ins Vergnügen – sofern es eines ist.

*

Die letzte Nacht hatten wir in New Smyrna Beach verbracht, einer kleinen, aber charmanten Gemeinde mit einem breiten und sehr festen Sandstrand, der bei Ebbe bis zu 60 Meter breit wird. Der Ort ist eine der ältesten Siedlungen Nordamerikas, *Ponce de Leon* soll hier im Jahre 1513 gestrandet sein, nachdem er vor Cape Canaveral Schiffbruch erlitten hatte. Nach ihm wurde die Flußmündung benannt: *Ponce de Leon Inlet*.
Der Name des Ortes ist tatsächlich griechischen Ursprungs: 1767 landete hier eine Gruppe hauptsächlich griechischer Siedler, die das Land urbar machten und ein pfiffiges Bewässerungssystem anlegten, dessen Reste noch heute erhalten sind. Der Anführer dieser Gruppe, ein Arzt aus Schottland, benannte den Ort nach Smyrna in Griechenland, dem Geburtsort seiner Frau. Heute sehen wir hier noch die *Turnbull Ruins* und die *Sugar Mill Ruins* aus dem Jahre 1830.

Der Campingplatz von New Smyrna Beach liegt an der SR 44 nur dreieinhalb Meilen östlich von der I-95, und auf der I-95 sind es 20 Meilen bis Daytona Beach, die wir in wenigen Minuten zurückgelegt haben. Auch hier ist die Strecke auf der US 1 abwechslungsreicher und nicht länger, aber natürlich langsamer. Dafür kommen wir durch die kleinen Orte Harbor Oaks, Allandale und Port Orange, die jedoch nichts Besonderes bieten. In Daytona und Daytona Beach dagegen ist immer etwas los. Ganz besonders im Frühjahr, wenn für die Studenten das Semester zu Ende ist. Dann fallen sie hier ein wie die Heuschrecken. 400 000 sollen es jährlich sein, und zwar nur in den Wochen vor Ostern. Am Boardwalk findet man sie dann und an den Stränden, in total überfüllten Diskotheken, in Spielsalons und in den vielen Clubs und Restaurants. Die lange Promenade und der anschließende Angelpier bilden den Mittelpunkt des bunten Treibens. Und natürlich die *Bandshell*, eine Bühne aus dem einheimischen Muschelstein, auf der es allabendlich Konzerte der verschiedensten Gattungen gibt. In diesen Wochen übertrifft Daytona das brodelnde Fort Lauderdale, und in Lokalen wie *Finky's*, einem Club im Country- und Western-Stil oder dem turbulenten *Confetti's* geht's hoch her.

Doch dann wird es wieder normal, in der Stadt wird's ruhiger und am Strand wieder erträglich. 42 km Strand, der stellenweise bis zu 150 Meter breit ist, laden zum Baden ein. Nicht überall hockt man hier zwischen Autos: nur 29 km dürfen befahren werden, und auch nur mit 10 Meilen pro Stunde. Die Rennen werden jetzt auf dem *Daytona International Speedway* ausgetragen, einer normalen Rennstrecke, die als die schnellste der Welt gilt. Hier gibt es Rennen das ganze Jahr hindurch. Im Februar gibt es das NASCAR 200 Rennen, im März und Oktober rennen die Motorräder, im Juli findet das Paul Revere 250 und das Firecracker 400-Serienwagenrennen statt, und das Hauptereignis ist das Daytona 500 Rennen.

Mit dem Auto am Strand von Daytona Beach

Nicht immer ging es quirlig zu in dieser Stadt. Sie wurde 1767 gegründet von englischen Siedlern, die am *Halifax River* große Zuckerrohr- und Indigo Plantagen anlegten. Im Seminolekrieg von 1835 siegten hier die Indianer, und die Weißen zogen sich erst einmal zurück. Später im 19.Jahrhundert jedoch kehrten sie zurück und nannten den Ort nach ihrem Begründer Mathias Day.

Heute darf der Strand mit dem Auto tagsüber zwischen dem Ormond Beach Exit und dem Ponce de Leon Inlet befahren werden, also quasi auf dem ganzen Strandstück vor der Stadt. Von der I-95 kommend nehmen wir den Exit US 92, diese Straße führt uns mitten durch den Ort – sie heißt hier Volusia Avenue – und direkt zum Strand. Dort angekommen, suchen wir uns den nächsten Zugang zum Strand, entrichten unseren Obolus und parken das Motorhome direkt am Wasser. Der Atlantik direkt vor der Tür verlockt natürlich sofort zu einem erfrischenden Bad, dann schlendern wir den Boardwalk herauf und staunen über das rege Treiben am Strand mit den vielen Autos, Motorrädern und Bikini-Mädchen.

Ruhiger ist es am Südende der Stadt, aber nach Daytona Beach geht man nicht wegen der Ruhe, die finden wir woanders in Florida zur Genüge. Wer's hier aber doch ruhiger möchte, sollte am Südrand der Stadt bleiben. Im Vorort Ponce Inlet liegt der *Lighthouse Point Park*, dort ist der Strand noch unberührt und natürlich nicht befahren. Auf einem kleinen Lehrpfad wird die Dünenvegetation gezeigt, man kann den 60 Meter hohen Leuchtturm von 1887 besteigen oder auf der landeinwärts gelegenen Seite einige hübsche Fischerhäfen besuchen.

Hier gibt es einige nette Restaurants, in denen man die einheimische Küche probieren kann. Die Südstaaten von Nordamerika rühmen sich nämlich, die beste Küche der USA zu haben. Dabei unterscheidet man territorial bedingt drei Arten. Im Norden gibt es vorwiegend Gerichte aus der Überlieferung der Südstaaten. Das bekannteste Gericht ist das pikante *Barbecue*, ein Braten am Grill, der stundenlang am offenen Feuer geröstet wird und mit einer würzigen Soße überstrichen wird. So richtig schön wird der Barbecue aber nur, wenn er über einem Feuer aus Hikkory-Holz geröstet wird, einem Holz, das es nur in den Südstaaten gibt. *Fried Chicken*, das Brathuhn, ist eine weitere Spezialität der Südstaaten, inzwischen allerdings über den ganzen Erdball verstreut, jedoch in sehr unterschiedlicher Qualität. Auch hier finden wir die traditionelle Zubereitung der Südstaaten besonders empfehlenswert. Zu dem Huhn gibt es biscuits und blueberry muffins, das ist ein Blaubeer-Gebäck mit Sirup. Wer's weniger süß möchte, kann die Gemüsesorten des Landes probieren wie z.B. butterbeans, squash, broccoli, blackeyed peas oder süße Kartoffeln (yams). Zur Gemüsesuppe wird Maisbrot (cornbread) empfohlen, das Sie unbedingt probieren sollten, war es doch für viele Jahre das Hauptnahrungsmittel der armen Südstaatler.

Cornbread ist Maisbrot, denn Mais heißt auf englisch „corn". Wenn Sie jedoch einem Amerikaner in Deutschland ein Maisfeld zeigen und ihm erklären, das sei Mais, so wird er erstaunt um sich schauen und Ihnen erklären, daß er keine Mais sähe, nicht einmal eine einzige Maus, denn „meis" (geschrieben „mice") ist die Mehrzahl von „mouse", und das ist eine Maus. So

Freizeitspaß wird in Florida groß geschrieben

kann es schon einmal zu lustigen Sprachverwirrungen kommen. Drollig wird's jedoch, wenn der Ober in einem deutschen Restaurant seinem amerikanischen Gast etwas ganz besonderes empfehlen möchte und ihn zu „Mais mit cremiger Sauce" animieren möchte: sein Gast wird entrüstet antworten, daß er kein Ungeziefer ißt, schon gar keine Mäuse, und außerdem sei er Vegetarier!

*

Ich erinnere mich an eine meiner ersten Amerikareisen vor vielen Jahren, als mein Englisch noch sehr mangelhaft war, ich aber auf irgendeine Weise meinen Hunger stillen mußte. So begab ich mich in ein Restaurant und kauderwelschte dem Ober: „I become a beefsteak, please". Der junge Kellner grinste über beide Backen und antwortete mir in schönster Berliner Mundart: „Mit mia könn'se ruhich Deutsch reden, sonst drehn wa se durch'n Fleischwolf und machen wirklich beefsteak aus Ihnen". Seitdem verwechsle ich nie mehr „I become" mit „ich bekomme!"

Natürlich gibt es in einem Land wie Florida auch Fisch. „Auch Fisch" ist gut, es gibt den schönsten und frischesten Fisch, den man sich wünschen kann. Besonders gut ist das Angebot in den speziellen *seafood restaurants*. Dort gibt es neben Süßwasser- und Meeresfischen auch abwechslungsreiche Gerichte aus Garnelen, Tintenfischen, Hummern und Austern. Platten mit gemischtem Fisch und gebackenen jumbo shrimps sind sehr beliebt und selten schlecht. Dazu erhält man in Folie gebackene Kartoffel und grünen Salat.

Natürlich bleiben auch die vielen Spanier und Kubaner dieser Gegend nicht ohne Einfluß auf die Küche:
Wer's „hot" möchte, d.h. sehr scharf, der sollte eine der kubanischen Spezialitäten probieren: Dick belegte cuban sandwiches mit schwarzen Bohnen, Gemüsebananen (plantains) und ver-

Mit dem Auto am Strand von Daytona Beach

schiedene Fleischgerichte. Vorsicht beim ersten Bissen, die Speisen sind so scharf gewürzt, daß die Augen tränen, der Schluckmuskel streikt, und auch ein ganzes Faß Bier den Brand nicht löschen kann.

*

Wir sind heute noch nicht viel gefahren. Von unserem Campingplatz in New Smyrna Beach bis zur Daytona Beach waren es heute morgen nur 29 km, die wir in wenigen Minuten erledigt hatten. Deshalb begeben wir uns am nicht zu späten Nachmittag „on the road", denn wir sollten heute noch bis St. Augustine kommen. Wir nehmen diesmal wirklich die Küstenstraße A1A, die hier landschaftlich wunderschön ist und uns durch viele kleine Badeorte führt.

Gleich als erstes kommen wir nach *Ormond Beach*, nur wenige Meilen nördlich von Daytona Beach.

Ormond wurde bekannt, als Rockefeller hier sein Ferienhaus erbaute, in dem er die Wintermonate verbrachte, bis er 1937 im Alter von 97 Jahren starb. Sein Haus, *The Casements*, ist heute ein Wahrzeichen der Stadt. Aber auch andere Millionäre aus dem Norden verbrachten hier ihre Wintermonate, deshalb bezeichnet man Ormond Beach auch als Millionärskolonie. Ihren Namen hat sie dagegen von einem nicht ganz so reichen Mann: Captain James Ormond aus England, der hier ein großes Grundstück erworben hatte.

Weiter auf der A1A kommen wir über *Flagler Beach* und *Beverly Beach* zum *Marineland of Florida*.

Hier gibt es täglich wirklich gute und ungewöhnliche Vorführungen von Meeressäugetieren. In täglich sechs Programmen zeigen die verspielten Tümmler und gigantischen Wale ihre Kunststücke. Durch dicke Glaswände hindurch kann man zusehen, wie die Taucher Haie und Riesenschildkröten füttern. Von Daytona Beach bis hierher sind es 42 km.

Über den Ort Marineland und weiter über Summer Haven und Crescent Beach, alle an der A1A, kommen wir dann zu unserem heutigen Lagerplatz, dem St. Augustine Beach KOA an der Pope Road. Dazu biegen wir von der A1A links ab auf die SR 3 und kurz darauf wieder links in die Pope Road. Der Platz liegt dann an der linken Seite.

Daytona Beach

Zwischen St. Augustine und Cape Canaveral, bekannter Badeort am Atlantik
54 000 Einwohner

Visitors Center	Daytona Beach Area Chamber P.O. Box 2775 Daytona Beach, FL 32015 **(904)255-0981**
Camping	New Smyrna Beach KOA 1300 Old Mission Road New Smyrna Beach, FL 32168 **(904)427-3581** 23.75 $
Motel	Inn on the Beach 1615 S. Atlantic Avenue Daytona Beach, FL 32018 **(904)255-0921** 80.00 $
Highlights	Autofahrt am Strand
Distanz	New Smyrna Beach KOA - Daytona Beach **35 km** Daytona Beach - St. Augustine **109 km**

Das historische St. Augustine

In *St. Augustine* sind die Uhren stehengeblieben.

Nicht nur, daß sich St. Augustine rühmt, die älteste Stadt der USA zu sein, sie hat auch ihren historischen Charakter erhalten.

In der Altstadt fühlt man sich um Jahrhunderte zurückversetzt, und das mächtige *Castillo de San Marcos* trutzte allen Angriffen.

Und Angriffe gab es genug, denn Floridas Militärgeschichte reicht zurück bis in die Gründerjahre.

„Militärgeschichte" hört sich heute schrecklich an, früher war das etwas anders. Alle Männer waren praktisch Krieger und waren stolz darauf, es zu sein. Sicher war das anerzogen, aber ein Indianer z.B., der kein Krieger sein durfte, war todunglücklich, sonderte sich von seinem Stamm ab und lebte schlimmer als ein Aussätziger.

Auch die Spanier, die das Land besiedelten bzw. eroberten, waren Krieger, und die Siedler selbst waren zwar keine Krieger, trugen aber alle ihren Colt und schossen jeden nieder, der sich ihrem Land, das sie zuvor den Indianern weggenommen hatten, in unfreundlicher Absicht näherte. Und die Städte selbst entwickelten sich meist aus den Forts, waren also auch überwiegend militärischen Ursprungs. Auch die großen amerikanischen Kriege hinterließen tiefe Spuren in Florida: die Seminolekriege von 1842, der amerikanische Bürgerkrieg von 1861 bis 1865 und der Spanisch-Amerikanische Krieg von 1898 verwandelten Florida jeweils in riesige Heereslager, und auch in den Ersten und Zweiten Weltkrieg war Florida aktiv verwickelt. In Florida gab es Marine- und Fliegerstützpunkte sowie Werften und Truppenübungsplätze, und in den ausgedehnten Sümpfen im Süden wurden die Soldaten ausgebildet für die Dschungelkämpfe in Japan. Das soll uns die Freude an dem heute strahlenden Urlaubsland nicht nehmen, aber man denkt daran, wenn man im Castillo de San Marcos auf die kriegerische Vergangenheit dieser herrlichen Halbinsel stößt.

*

Trotzdem: In den Geschichtsbüchern lesen wir den lapidaren Satz: Um die Seminole zu besiegen, wurden 1841 ihre Lebensgrundlagen zerstört: Vergiftung der Wasserquellen, Abschuß vieler Tiere, Verbrennung ganzer Landstriche. Nach der Vertreibung der Seminole im Jahre 1842 wird das Territorium als 27. Staat in die Union aufgenommen.

Heute leben die meisten Indianer in Reservaten.

Die Regierung der Vereinigten Staaten verwaltet heute ca. 21 Mio Hektar Land für die Indianer, hauptsächlich in Form von Reservaten. Das sind Gebiete, die der Bund zur Nutzung durch Indianer vorsieht und die damit die letzten Reste darstellen, die den ursprünglichen Bewohnern des nordamerikanischen Kontinents geblieben sind. Etwa 300 Reservate gibt es heute, die meisten liegen in den trockenen Gebieten des Westens, ich habe darüber in meinem Buch „Mit dem Wohnmobil durch den Amerikanischen Westen"

Kricket-Spiel in einem nicht ganz billigen Klub in St. Augustine

(Drei Brunnen Verlag Stuttgart) berichtet. Sechseinhalb Millionen Hektar groß ist das Gebiet der Navajos in Arizona, aber sehr brauchbar ist dieses Land nicht.

An der Ostküste gibt es weniger Reservate, die Regierung hatte die Stämme in den dreißiger Jahren des vorigen Jahrhunderts gezwungen, sich in die Gebiete westlich des Mississippi zurückzuziehen. 1000 qm groß ist das kleinste „Reservat" in Connecticut mit 2 Einwohnern, andere Reservate des Ostens sind in Minnesota, Wisconsin, im Staate New York und in Florida, hier sind es die *Seminole* und die *Miccosukee- Indianer*, die ihre Dörfer als Touristenattraktion rekonstruiert haben und den Besuchern zur Besichtigung zur Verfügung stellen. Auch die Navajo und Hopi in Arizona leben heute hauptsächlich vom Tourismus. Ihre kunstvollen Schmuckstücke finden wir in den Andenkenläden überall auf der Welt. Und die Navajos im Monument Valley in der Nordostecke von Arizona „verkaufen" ihre Landschaft: sie stellen die gigantische Landschaft der Film- und Werbeindustrie zur Verfügung – gegen eine entsprechende Gebühr.

Leider nur allzuoft kommen Besucher mit stereotypen, vorgefassten Meinungen, die durch Romane oder Hollywoodfilme geprägt wurden, in die Reservationen und sind dann enttäuscht, wenn sie hier ein ganz anderes Leben vorfinden. Die Indianer gehen zur Schule, tragen normale Kleidung, fahren Auto und sehen fern, den Federschmuck tragen sie nur für touristische Vorführungen, und reiten können sie nicht besser als die reitbegeisterte Schülerin in einer deutschen Großstadt. Bedingt durch die langjährige Unterdrückung ist die Arbeitslosigkeit unter den Indianern jedoch größer als

Wunderschön ist es im Spanischen Viertel von St. Augustine

bei den restlichen Amerikanern. Armut, geringer Standard im Wohnungs- und Sozialwesen und auch Alkoholismus sind Probleme, mit denen die Regierung noch nicht fertiggeworden ist. Man besinnt sich jetzt aber auf die alte Tradition der Ureinwohner und fördert die Sitten und Gebräuche der Indianer – hoffentlich nicht nur als Touristenattraktion.

*

St. Augustine rühmt sich, die älteste Stadt der USA zu sein. Das wird sicher stimmen, denn die Stadt war bereits 55 Jahre alt, als die Pilgerväter in Neu-England landeten. Und im *Castillo de San Marcos* gleich gegenüber vom Besucherzentrum erfahren wir einiges über die Geschichte der Stadt und der Südstaaten. Nach der Gründung von St. Augustine durch die Spanier im Jahre 1565 wurden nacheinander neun Befestigungsanlagen errichtet. Da sie aus Holz gebaut waren, hielten sie nicht sehr lange und fielen entweder dem Feuer oder dem feuchten Klima zum Opfer. Die Spanier waren nicht die einzigen, die den nordamerikanischen Kontinent besiedeln wollten. Die Engländer verfolgten ähnliche Ziele in Südcarolina. Sie gründeten die Stadt Charleston um die Mitte des 17. Jahrhunderts. Die Spanier in St. Augustine fühlten sich dadurch bedroht, und sie hielten es für notwendig, hier ein Bollwerk zu schaffen, das die Besetzung von Florida durch eine andere Macht verhindern sollte. Hinzu kam, daß sie einen Flottenstützpunkt für ihre Schiffe brauchten, um die Seeverbindung zwischen Spanien und den karibischen Besitzungen zu sichern. Als 1668 englische Piraten die Siedlung St. Augustine brandschatzten und plünderten, wurde der Bau einer Befestigungsanlage noch dringender. Im Jahre 1672 war es dann endlich soweit, und am

Das historische St. Augustine

2. Oktober wurde der Grundstein für das neue Fort gelegt. Der erste Bauabschnitt, der den Kern des Forts umfaßte, wurde im Jahre 1695 vollendet. Die verhältnismäßig lange Bauzeit war durch Geldmangel bedingt. Zum Teil wurden Lohngelder, die für die in Florida stationierten spanischen Soldaten bestimmt waren, für den Bau des Forts abgezweigt.

Im Verlauf seiner Geschichte wurde das Fort „Castillo de San Marcos" mehrmals angegriffen und belagert, es wurde jedoch nie erobert. Die Feuertaufe kam im Jahre 1702, als englische Streitkräfte von Süd-Carolina aus versuchten, das Fort zu überwältigen. Dabei wurde die Stadt St. Augustine durch Feuer zerstört. Das Fort überstand die Belagerung unversehrt und wurde zum Symbol des neuen St. Augustine, das aus den Trümmern wieder erstand. Wenige Jahre später wurde die Herrschaft Spaniens in Florida eingeschränkt, als die Truppen von Süd-Carolina die spanischen Missionen in den weitverstreuten Siedlungen der Indianer dem Erdboden gleichmachten. Der einzige Stützpunkt, der den Spaniern blieb, war das Fort und seine Umgebung im Umkreis von etwa einer Meile.

Nicht immer war St. Augustine und das Castillo de San Marcos ein militärischer Vorposten Spaniens. Im Jahre 1763 wurde das Gebiet vertragsmäßig der britischen Krone zugesprochen. Als dann die amerikanische Revolution ausbrach, wurde das Fort der Operationsstützpunkt für den Krieg im Süden. Zum Beispiel kämpften britische Einheiten des Forts, das damals *Castle St. Mark* genannt wurde, bei der Eroberung von Savannah mit. Als die Amerikaner in ihrem Kampf um Unabhängigkeit den Sieg über die britische Kolonialherrschaft erlangten, wurde Florida und damit St. Augustine an Spanien zurückgegeben. Eine junge Nation, die Vereinigten Staaten von Amerika, war jetzt der neue Nachbar im Norden. Die Zeit der zweiten spanischen Herrschaft dauerte von 1784 bis 1821, als Florida durch Vertrag den Vereinigten Staaten zugesprochen wurde.

Nach dem Ersten Weltkrieg, im Jahre 1921, wurde durch das Kriegsministerium entschieden, daß das Fort nicht mehr länger militärischen Zwecken dienen konnte. Es wurde am 15. Oktober 1924 zum Nationaldenkmal erklärt.

Heute kann man im Fort noch die Unterkünfte besichtigen, das Wachhaus, die Kapelle, das Munitionslager und das Gefängnis. Eine steile Treppe führt zum Dach, von dem man einen herrlichen Blick auf die weite Bucht und den Stadtkern hat.

Geöffnet ist von 9:00 bis 17:30 Uhr.

*

Wir sind am Morgen von unserem Übernachtungsplatz im Süden der Stadt angereist, das sind nur wenige Minuten auf der A1A Nord bis zur King Street, wir folgen dann dem Wegweiser „Visitor Information Center" rechts herum in die St. George Street und dann links auf den Castillo Drive, das Visitors Center liegt gleich vorn an der linken Seite. Es gibt genügend Parkplatz, auch für RV's. Von hier sind es nur wenige Schritte bis zur Festung und zum *Historic St. Augustine*.

Die Altstadt von St. Augustine betreten wir durch die *City Gates*, das historische Stadttor am Ende der San Marco Avenue. In der Spanischen Straße (spanish street) finden wir alte spanische Geschäfte und Restaurants. An

Das historische St. Augustine

der Ecke Cordova und King Street hat der Eisenbahnmillionär Flagler mehrere große Hotels errichtet, darunter das *Ponce de Leon*, es beherbergt heute das *Flagler College*, wir finden hier weiter das *Zoraya Castle*, das an den Pomp der alten maurischen Könige erinnert, das *Lightner Museum* und die *City Hall*.

Die *Aviles Street* ist die „Hauptstraße" des Spanischen Viertels (spanish quarter) zwischen St. George und Charlotte Street. Im Haus Artillery Lane 4 finden wir *The Oldest Store*, das ist eine der interessantesten historischen Stellen der Stadt. Dies ist ein alter authentischer Kolonialwarenladen aus der Zeit um die Jahrhundertwende. Vom Pflug bis zur Postkutsche konnte man hier alles bekommen, über 100 Artikel sind hier ausgestellt, und man hat wirklich den Eindruck, ins Jahr 1900 zurückversetzt zu sein. Die entsprechenden Menschen dazu finden wir in *Poter's Wax Museum* an der Charlotte Street, hier sind über 240 berühmte Leute zu sehen, in Wachs nachgebildet. Wir besichtigen weiterhin ein uraltes hölzernes Schulhaus, den *St. Photios National Greek Orthodox Shrine, Scarlett O'-Hara's Lounge* und vieles mehr. Am Cathedral Plaza steht die *Cathedral of St. Augustine*, eine der ältesten Kirchen der USA. Sie entstand im Jahre 1790, wurde durch ein Feuer zerstört und 1887 wieder aufgebaut. Den *Nombre de Dios* krönt ein 70 Meter hohes Metallkreuz, es markiert die heilige Stätte, wo der Gründer der Stadt, *Pedro Menendez Aviles* die erste Messe nach seiner Landung gefeiert hat.

Zwischen der Kathedrale und der King Street sowie Charlotte und St. George Street findet man das Zentrum des Plaza Quadrates, um das – einer spanischen Sitte entsprechend – das Geschäftsviertel der alten Stadt entstand. Vom Ende des Platzes hat man einen schönen Blick über die *Matanzas Bay* auf die *Bridge of Lions*, die Löwenbrücke.

In der sehr schmalen St. Francis Street steht das *Oldest Spanish House*, das uns wieder in die spanische Vergangenheit der Stadt führt. Die Architektur besteht aus einer Kombination spanischer, britischer und amerikanischer Einflüsse. Das Erdgeschoss aus der spanischen Periode besteht aus Sandstein, der auf Anastasia Island gegenüber der Bridge of Lions in der Matanzas Bucht gewonnen wurde. Das zweite Geschoss ist britisch, es ist aus Holz errichtet. Das Haus wurde bereits im 16. Jahrhundert bewohnt, historisch kostümierte Führer zeigen uns das ganze Haus, besonders schön aber ist der romantische spanische Innenhof.

In der Innenstadt gibt es einige sehr schöne restaurierte Historische Häuser, sehenswert sind an der St. George Street die *Casa de Gallegos*, die *Casa de Gomez*, die *De Hita/Gonzales Houses* und das *Sanchez House*.

In der Altstadt werden Handwerksprodukte und Kunstgewerbegegenstände zum Verkauf angeboten: Webearbeiten, Kerzen, Teppiche und Backwaren. Die Kunsthandwerker tragen historische Kostüme und beantworten gern all unsere Fragen.

*

Nach der Besichtigung von St. Augustine bleibt noch Zeit, eine kurze Strecke in Richtung auf unser morgiges Ziel zurückzulegen. Bis Tallahassee sind es 320 km, und wir tun gut daran, dies nicht unbedingt an einem Tag fah-

Das historische St. Augustine

ren zu wollen. Wir empfehlen deshalb den KOA Platz von Starke, 88 km in Richtung Tallahassee.

Tallahassee ist die Hauptstadt des Staates Florida. Wir erreichen die Stadt über die Autobahn I-10 von Jacksonville nach Tallahassee, sollten aber *Jacksonville* unbedingt umfahren. Diese Stadt ist furchtbar groß. Mit einer dreiviertel Million Einwohnern zählt Jacksonville nicht zu den größten Städten dieser Welt, sie ist aber ausdehnungsmäßig die größte Stadt der USA. Das Stadtgebiet hat fast die Größe des Saarlandes. Jacksonville ist das Handels- und Finanzzentrum Nordfloridas, hat einen fast 13 km langen Hafen, die größte Marine-Schiffswerft, den größten Engros-Holzmarkt, den zweitgrößten Kaffeeimporthandel an der südlichen Atlantikküste und kaum touristische Attraktionen. Wer also nicht gerade ein Jacksonville-Fan ist, umfährt die Stadt von St. Augustine aus auf der US 16 in Richtung Starke. Dabei überqueren wir den mächtigen St. Johns River und kommen nach 88 km nach *Starke*. Kurz vor dem Ort stößt die 16 auf die US 301, und kurz hinter dem Ort liegt der KOA-Platz an der 301 an der rechten Seite. Genau gegenüber gibt es ein großes Shopping Center, in dem wir unsere Vorräte auffüllen, denn morgen ist ein reiner Reisetag.

Hier in Starke müssen wir uns entscheiden, ob wir Zeit haben für den *Panhandle*, den Nordwesten Floridas mit Tallahassee und Panama City, oder ob wir uns gen Süden begeben müssen. Der Abstecher in den Nordwesten kostet uns zwei zusätzliche Übernachtungen. Wenn wir uns für den Süden entscheiden oder aus zeitlichen Gründen entscheiden müssen, so fahren wir am nächsten Morgen auf der US 301 Süd bis Waldo, nehmen dort die SR 24 Süd nach Gainesville, bleiben dort auf der SR 24 über Arredono, Archer, Meredith, Bronson und Lennon bis Otter Creek, das liegt an der Kreuzung mit der US 98. Auf dieser fahren wir Nord bis Chiefland und dann kurz hinter dem Ort links ab auf der RS 320 in den Manatee Springs State Park, wo es einen wunderschönen Campingplatz gibt, direkt am sagenumwogenen Suwannee River.

Darüber berichten wir dann später.

St. Augustine

Älteste Stadt der USA,
60 km südlich von Jacksonville
12 000 Einwohner

Visitors Center	Visitors Information Center 52 Castillo Drive St. Augustine, FL 32084 **(904)829-5681**
Camping	St. Augustine Beach KOA 525 W. Pope Rd. St. Augustine Beach, FL 32084 **(904)471-3113 16.50 $**
Starke KOA	1475 South Walnut Str. Starke, FL 32091 **(904)964-8484 20.00 $**
Motel	Monson Motor Lodge 32 Avenida Menendez St. Augustine, FL 32084 **(904)829-2277 80.00 $**
Highlights	Castillo de San Marcos Historische Altstadt
Distanz	St. Augustine – Starke KOA **88 km**

Tallahassee – die Hauptstadt Floridas

Das alte und das neue Capitol von Tallahassee, der Hauptstadt Floridas

Panhandle – Pfannenstiel – wird der Nordwesten Floridas genannt. Wie eine Pfanne an ihrem Stiel hängt die Halbinsel Florida über diesen schmalen Landstreifen an dem Rest der Vereinigten Staaten. Der „Pfannenstiel" ist längst nicht so bekannt wie der Rest Floridas. „Die goldene Küste", „Sonne, Sand und Blaues Meer", „Miami Beach", das sind die Werbe-Schlagworte der Reiseveranstalter, das ist das Florida der Touristen. Der Nordwesten dagegen ist weniger bekannt, aber in meinen Augen deshalb nicht weniger attraktiv. Zunächst einmal ist es hier nie voll, weil die Leute eben nach Miami gehen und nicht an den Golf. Und dann wollen wir uns in Florida natürlich lieber im weißen Sand aalen als die Landeshauptstadt zu besuchen.

Dabei sollten wir auf unserer Rundreise schon die Landeshauptstadt kennenlernen. Auch wenn sie als Großstadt, und besonders als amerikanische Großstadt, nicht so schrecklich attraktiv ist. Aber die Landeshauptstadt sollte man schon kennenlernen. Würden Sie bei einer Reise durch Süddeutschland nur den Bodensee und den Schwarzwald besuchen und unsere Landeshauptstadt verschmähen? „Noi, s'isch immer wieder ebbes Wunderschöns, wenn mer in unsere Landeshauptstadt kommet". Das Wesen Stuttgarts, seine Sehens-

Tallahassee – die Hauptstadt Floridas

würdigkeiten und alten Bauten, die Beschaulichkeit seiner Weinstuben und der Fleiß seiner Bewohner sind in vielen Berichten geschildert worden. Es gibt größere Städte, bedeutendere und ältere, aber als Landeshauptstadt hat sie viel zu bieten und ist durchaus einen Besuch wert. Da ist der Schloßplatz im Herzen der Stadt mit der schlanken Säule des vergoldeten Merkur, da ist die Stiftskirche, die Leonhardskirche und das Rathaus mit dem Rathausturm. Vom alles überragenden Fernsehturm hat man einen fantastischen Blick auf die Stadt, und in der Wilhelma, dem herrlich angelegten Tierpark, findet man Erholung und Entspannung. Und immer lebhaft ist es in der Königstraße, der Haupteinkaufsstraße der Stadt. Auf dem grünen Rasen, der sich vom Schloßplatz in der Mitte der Stadt über Theatersee und unteren Schloßgarten bis zum Rosensteinpark erstreckt, lagern unbekümmert Einheimische und Besucher, und in den Cafés und Weinstuben sitzt man gemütlich beim Viertele. Warum sollte man den Besuch der Landeshauptstadt aus der Rundreise durch Süddeutschland ausklammern, es wäre ein Jammer.

Und warum sollten wir bei unserer großen Florida-Rundreise die Hauptstadt Floridas ausklammern, nur weil es eine größere Stadt ist und wir für ein- zwei Tage auf das bunte Treiben am Strand verzichten müssen.

Zugegeben: eine amerikanische Großstadt ist nicht mit unseren Städten zu vergleichen, aber gerade *Tallahassee*, die Hauptstadt Floridas, hat sich die Reize einer hübschen alten Südstaaten-Stadt erhalten mit vielen hübschen Gärten, mehreren größeren Seen, historischen Gebäuden und sogar einigen ruhigen Straßen.

Tallahassee, die „Alte Stadt" nach der Sprache der Creek-Indianer, liegt ganz im Norden von Florida, etwa ein Drittel zwischen Jacksonville und New Orleans.

Von der letzten Übernachtung in Starke bis hierher nach Tallahassee sind es 232 km, und wir sind am Nachmittag dort, können uns also noch ein wenig von der Stadt ansehen. Zunächst jedoch wird wieder Quartier gemacht, wir empfehlen hier nicht den KOA Platz, dieser liegt direkt an der Autobahn und ist sehr laut, außerdem ist er von der Einrichtung her nicht besser als irgendein Platz in einem State Park. Er kostet auch entsprechend wenig, nämlich 13.50 $.

Gehen Sie besser auf den „Tallahassee RV Park". Wir nehmen dazu den Exit 31A von der I-10 und fahren eine halbe Meile West auf der US 90, der Platz liegt dann an der rechten Straßenseite und ist nur 6 Meilen von der Stadt entfernt.

Auf meiner Reise durch den Nordwesten von Florida hatte ich übrigens mal etwas Pech mit meinem Motorhome von Go Vacations, ich hatte praktisch ein Schrottauto erwischt. Zum Teil war ich selbst Schuld daran, denn ich hatte nicht, wie ich es Ihnen in dem Kapitel „Das Wohnmobil" dringend empfehle, einen Wagen der Kategorie A bestellt. Trotzdem sollte der Wagen technisch in Ordnung sein – war aber nicht. Der erste Gang ließ sich nicht schalten, und ich hatte keine Lust, einen ganzen Tag zu opfern für eine Getriebereparatur in einer Werkstatt am Rande des Highways. So trixte ich denn mein Vehikel eine ganze Woche lang durch die Lande, ohne daß ich bei laufendem Motor in den ersten Gang runterschalten konnte. Und das bei einem doch immerhin recht schweren Wohnmobil. Aber noch mehr war bzw. ging kaputt. Hier auf dem Platz in Tallahassee habe ich den Wasserschlauch vom City Water an mein Schrottauto angeschlossen, und dabei ist dann gleich die Leitung geplatzt, alle Anschlüsse sind aus dem Wagen rausgekracht, und das Wasser ist mir um die Ohren gespritzt. Ich benutzte dann forthin den eingebauten Wassertank, mußte diesen immer schön auffüllen und das Wasser dann mit der Handpumpe hochpumpen. Der Wagen war schmuddelig, und viele kleine Details waren kaputt, außerdem hatte er keine Klimaanlage, aber auch daran war ich Schuld, denn ich hatte eine solche nicht ausdrücklich bestellt. Ich dachte, in Florida wäre das selbstverständlich. Aber man soll nicht denken, jedenfalls nicht falsch!

*

Vom Campingplatz sind wir in einer viertel Stunde im Zentrum von Tallahassee, wenn wir richtig fahren: am Platz geht es rechts herum auf die US 90, aber nach wenigen Meilen müssen wir unbedingt links den Franklin Blvd. erwischen, dieser führt genau ins Zentrum. Dort können wir auf dem Parkplatz der Union Bank parken, das ist in der Nähe des Capitols.
Das *Capitol* kann man besichtigen, es gibt das alte und das neue Capitol. Das neue Capitol ist ein 22 Stockwerk hoher moderner Bau, beide Gebäude sind geöffnet Montag bis Freitag von 9:00 bis 16:30 Uhr, an Sonn- und Feiertagen von 12:00 bis 16:30 Uhr. Der Eintritt ist frei. Den hübschen kleinen Turm vom alten Capitol kann man nicht besteigen, aber im neuen Capitol gibt's Fahrstühle, von der Observation Platt-form im 22. Stock hat man einen schönen Blick auf die Stadt, und im 10. Stock gibt es eine Snack Bar, auch von dort hat man einen schönen Blick auf die Stadt, und man kann den Hunger bekämpfen.

Nun kann man die amerikanischen Städte nur schwer mit unseren deutschen Städten vergleichen. Unsere Städte haben in der Regel einen ausgeprägten und heute meist gut gepflegten Stadtkern, den wir in den amerikanischen Städten meist vergeblich suchen. Tallahassee ist die Hauptstadt Floridas und somit zwangsläufig eine Bürokratenstadt. Aber keine Angst, das Flair des Südens ist erhalten geblieben, und man fühlt sich hier recht wohl, wenngleich es nicht so schrecklich viel zu besichtigen gibt. Das *Capitol* an der Ecke Monroe St./Apalachee Pkwy. ist der Sitz der Regionalverwaltung und besteht, wie gesagt, aus zwei Gebäuden. Das *Historic Old Capitol State Building* ist im Stil des 19. Jahrhunderts eingerichtet und enthält ein Museum zur Geschichte Floridas.

Wer mit Kindern unterwegs ist, sollte vielleicht das *Tallahassee Junior Museum* besuchen, es liegt 10.5 km nordwestlich der Stadt am *Lake Bradford* und wurde speziell für Kinder errichtet. So ist denn auch die Darstellung der Geschichte Floridas einfach und anschaulich, und auf einer Farm von 1880 lernt man viel aus dem Leben der frühen Siedler.

Je nach Zeit und Interesse können wir die 23 km südlich von Tallahassee gelegenen *Wakulla Springs* besuchen. Dieses soll die tiefste Quelle der Welt sein, sie liegt inmitten eines herrlichen Zy-

Tallahassee – die Hauptstadt Floridas

Tallahassee – die Hauptstadt Floridas

pressenwaldes und stößt bis zu 2.5 Mio. Liter Wasser in der Minute aus. In Glasbodenbooten kann man die Unterwasserwelt bestaunen und nicht ganz bis auf den Grund in 60 Metern Tiefe schauen. Geöffnet ist täglich von 8:00 Uhr bis Sonnenuntergang, wir erreichen die Quellen über die SR 363 und 267, das ist aber abseits unserer eigentlichen Route nach Panama City, wir müssen hierzu also einen kleinen Umweg durch den *Apalachicola National Forest* fahren.

Sehr interessant ist ein Besuch der nahegelegenen Höhlen bei Marianna, etwa 70 km nordwestlich auf der I-10. Dazu verlassen wir die Stadt auf der gut ausgeschilderten SR 27 Nord. Nach 5 Meilen kommen wir wieder an die I-10, der wir in Richtung Westen folgen. Am Exit 21 finden wir das Hinweisschild „Florida Cavernes State Park", auf der SR 71 Nord kommen wir nach 5 Meilen zunächst in den Ort *Marianna*, und nach weiteren 1.5 Meilen zum Parkplatz der Tropfsteinhöhlen. Parkgebühr ist 2 $, mit wenigen Schritten sind wir am Eingang zu den Höhlen, die Führung kostet 3 $.

Auf den Besuch der Höhlen sollten wir uns etwas vorbereiten, wobei uns der Bildband „Ich war in der Unterwelt" von Gerhard E. Schmitt sehr hilft. Das Buch ist nicht nur lehrreich, sondern auch sehr spannend zu lesen und zeigt die „Unterwelt" in hervorragenden Farbfotos. Über *Höhlen* und deren Entstehung erfahren wir dort folgendes: „Als Höhle bezeichnet man jeden von Menschen befahrbaren und durch Naturvorgänge gebildeten Hohlraum, der ganz oder teilweise von festem Gestein umgeben ist.

Oben vom neuen Capitol hat man einen weiten Blick über die Stadt

Maßstab bei der Definition von Höhlen ist der Mensch. Spalten, die für Menschen zu eng sind, werden nicht als Höhlen bezeichnet, ebenso alle künstlichen Hohlräume, wie z. B. Bergwerksstollen. Die Forderung, daß eine Höhle ganz oder teilweise von festem Gestein umgeben sein muß, hat zur Folge, daß man z. B. Hohlräume in losem Blockwerk nicht als Höhlen bezeichnet. Eine weitere wichtige Eigenschaft von Höhlen ist das Vorhandensein eines lichtlosen Teils. Hohlräume, denen ein lichtloser Teil fehlt, bezeichnet man als Halbhöhlen.

Jede Höhle ist von festen, flüssigen oder gasförmigen Stoffen angefüllt. Zu einer Höhle gehören aber nicht nur die luftgefüllten Räume, sondern auch die Bereiche, die mit Lehm, Kies, Sand oder auch Wasser gefüllt sind. Dies kann so weit gehen, daß der gesamte Hohlraum von festen Bestandteilen angefüllt und damit für den Menschen nicht mehr begehbar ist. Es kann vorkommen, daß durch ein einziges Hochwasser große, aufrecht begehbare Teile einer Höhle vollständig mit Lehm gefüllt werden und andere seit Jahren verstopfte Teile vollständig ausgeräumt werden....

Die Entwicklung einer Höhle ist von der Entstehung bis zur Zerstörung an bestimmte Gesetzmäßigkeiten gebunden, und man kann in einem Höhlengebiet oftmals Höhlen verschiedener Entwicklungsphasen nebeneinander beobachten.
Man kann die Vielfalt der Höhlen nach ihrer Entstehung in zwei Gruppen einteilen: primäre Höhlen und sekundäre Höhlen. Primäre Höhlen sind gleichzeitig mit dem sie umgebenden Gestein entstanden, sekundäre Höhlen später als das sie umgebende Gestein....

Sekundäre Höhlen sind sehr viel häufiger als primäre Höhlen. Fast alle großen Höhlensysteme sind sekundäre Höhlen. Es gibt verschiedene Ursachen für die Aushöhlung des schon vorhandenen Gesteins, von denen auch mehrere zusammenwirken können....
Die weitaus wichtigste Form von sekundären Höhlen überhaupt sind die sogenannten Karsthöhlen. Sie entstehen aufgrund der Löslichkeit bestimmter Gesteine in Wasser....
Zu den verkarstungsfähigen Gesteinen zählen Gips, Anhydrit, Steinsalz, Kalk und Dolomit....
Das wichtigste, weil häufigste, verkarstungsfähige Gestein ist der Kalk, in dem wir die wichtigsten Höhlen der Erde finden."

Das Auflösen des Kalks ist ein chemischer Prozeß. Da durch denselben Prozeß auch die Tropfsteinhöhlen bei Tallahassee entstanden sind, wollen wir uns diesen Vorgang einmal genauer ansehen:
Die Auflösung erfolgt in saurem Wasser. Dieses entsteht dadurch, daß sich ein Teil des Kohlendioxyds, das sich in der Luft befindet, im Wasser löst. Davon verbindet sich nun ein Teil mit dem Wasser und bildet Kohlensäure (saurer Regen!). Das Kohlendioxyd im Wasser stammt nicht nur aus der Luft, sondern kann auch pflanzlichen Ursprungs sein, z. B. aus Waldböden.
Die Kohlensäure kann nun mit dem Kalk reagieren und ihn auflösen.
Nun gibt es auch den umgekehrten Vorgang: Das Wasser, in dem der Kalk gelöst ist, kann diesen auch wieder abgeben, wenn sich die Temperatur oder

Tallahassee – die Hauptstadt Floridas

In den Tropfsteinhöhlen der Florida Caverns bei Tallahassee finden wir bunte und bizarre Tropfsteinformationen

der Druck ändert. Wenn das kalkhaltige Wasser in eine Höhle durchsickert, so kann sich der Kalk absetzen, und zwar an der Decke als *Stalaktiten* und gegenüber auf dem Boden als *Stalagmiten*. Das ist die Entstehung der Tropfsteinhöhlen, wobei das Wachstum der Tropfsteine sehr langsam vor sich geht: 350 Jahre für 4 cm!

Haben die Höhlen erst einmal eine gewisse Größe erhalten, so beginnt eine mechanische Abtragung des Gesteins, die Erosion. Fließendes Wasser kann im Laufe der Zeit die Höhlen ständig vergrößern, und in diesen „lebenden Höhlen" rauscht und braust das Wasser ständig unter großem Getöse. Die Kalksteinhöhle von *Te Anau* in Neuseeland z.B. ist eine der wenigen „lebenden Höhlen", die der Öffentlichkeit zugänglich sind.

Zu den längsten Höhlensystemen der Erde gehören: Flint Mammoth Cave System, USA (484.3 km), Optimisticeskaya Peschtschera, Russland (153 km) und Hölloch, Schweiz (150.5 km). Die tiefsten Höhlensysteme sind Reseau Jean-Bernard, Frankreich (1535 m), Snezhnaya Mezhonnogo, Russland (1470 m) und Reseau de la Pierre St. Martin, Frankreich (1342 m). Die größten bekannten Höhlenhallen der Welt sind die Good-Luck-Höhle in NW Borneo (700 × 400 m), Salle de la Varna in Frankreich (250 m Durchm.) und der 450 Meter lange „Big Room" der Carlsbad Caverns in den USA (nach G.E.Schmitt).

Die Carlsbad Caverns werden wir in meinem Buch „Mit dem Wohnmobil durch den Südwesten der USA" besuchen (Drei Brunnen Verlag Stuttgart).

*

Die Kalksteingrotten bei Tallahassee gehören nicht zu den größten Höhlen, sind dafür aber recht interessant. Es ist ein Labyrinth aus Kalkstein, das einmal aus den Gehäusen von Meeresbewohnern Jahrtausende vor der Eiszeit entstanden ist, als ganz Florida noch unter Wasser lag. Es gibt herrliche Formationen von Stalagmiten und Stalaktiten, manche haben sich im Laufe der Jahre zu Gebilden verwandelt, die an Vögel, Früchte oder Blumen erinnern. Eines dieser Gebilde schaut aus wie eine mächtige Orgel in einer Kathedrale. Zu den verschiedenen unterirdischen Kammern gehören der *Waterfall Room*, der *Cathedral Room* und der besonders schöne *Wedding Room*. Das Höhlensystem wurde 1937 entdeckt und ist seit 1942 für die Öffentlichkeit zugänglich. Der Rundgang dauert etwa eine dreiviertel Stunde, am Ende der Tour kommt man etwas außer Puste, weil die Höhlen z.T. sehr niedrig sind und man gebückt hindurchkrabbeln muß.

Die Caves sind touristisch nicht sehr überlaufen, und auch in der Hochsaison ist man selten in einer Gruppe von mehr als 6 bis 10 Personen, wenn nicht gerade ein Bus angekommen ist.

Zurück nach Marianna geht es am Parkausgang rechts herum, das ist aber angeschrieben, wir folgen dann den Wegweisern zur I-10 West und verlassen diese nach 69 Meilen auf die US 231 South in Richtung Panama City. Im Ort selbst folgen wir der 98 West ALT in Richtung Panama City Beaches und finden 1 Meile hinter der Verkehrsampel an der linken Seite den Campingplatz „Long Beach Camp Inn", auf dem wir uns für heute einnisten.

Tallahassee – die Hauptstadt Floridas

Tallahassee

*Hauptstadt Floridas,
im Nordwesten des Staates
119 000 Einwohner*

Visitors Center	*Tallahassee Visitors Bureau* *100 N. Duval St.* *Tallahassee, FL 32301* **(904)681-9200**
Camping	*Tallahassee RV Park* *6504 Mahan Dr.* *Tallahassee, FL 32308* **(904)878-7641 14.50 $**
Motel	*Holiday Inn University Center* *316 W. Tennessee St.* *Tallahassee, FL 32301* **(904)222-8000 85.00 $**
Highlights	*Capitol* *Florida Caverns*
Distanz	*Starke KOA – Tallahassee* **232 km**

Die Wundermeile von Panama City Beach

Ich mußte sekundenlang die Augen schließen.
Wie früher, als ich nach stundenlanger Arbeit im Fotolabor hinauskam in den grellen Sonnenschein eines fröhlichen Sommertages in Mecklenburg.
Ich trage nicht gern Sonnenbrillen, aber für Florida nehme ich die braunen Dinger doch immer mit. Und hier muß man sie tragen, ja, man soll sogar sonnenblind werden können: der Sand von *Panama City Beach* ist der weißeste der Erde und blendet in der Mittagssonne so, daß wie gesagt selbst ich meine Sonnenbrille hervorziehen muß.
Panama City Beach – ein Geheimtip für Strandfreunde: 43 Kilometer Sandstrand gehören nur Ihnen und den wenigen anderen Menschen, für die Florida nicht nur Miami und Fort Lauderdale ist. Quarzsand, der nach den Eiszeiten aus dem Norden angeschwemmt wurde. Ich habe schon viel von der Welt gesehen und habe viele Strände besucht, aber weißeren Sand als hier an der Küste des Golf von Mexico habe ich nirgends gesehen. Der Küstenstreifen gehört zur *Gulf Island International Seashore*, die sich von Apalachicola bis Gulfport im Staate Mississippi erstreckt.

Hier ist immer etwas los: Miracle Strip – die Wundermeile von Panama City

Die Wundermeile von Panama City Beach

Der *Golf von Mexico* ist gar nicht so klein, wie man zunächst vermutet: er ist zehnmal größer als unsere Ostsee, wer hätte das gedacht! Florida schließt das Golfbecken im Osten und Nordosten ab. Westlich schließen sich die Bundesstaaten Alabama (mit der Stadt Mobile), Mississippi (mit Gulfport), Louisiana (mit New Orleans) und Texas (mit Houston und Corpus Christi) an. Im Westen und Süden wird der Golf durch Mexico begrenzt, und an die verbleibende Öffnung im Südosten schiebt sich Kuba wie ein Korken heran, der jedoch durch den *Yucatankanal* eine Verbindung zum Karibischen Meer offenläßt und durch die *Straits of Florida*, die Straße von Florida, die Verbindung zum Atlantik läßt. Durch den Yucatankanal fließt nun ständig Wasser vom Äquator in den Golf ein und rotiert in diesem Kessel wie der Kaffee in unserer Tasse, wenn wir ihn umrühren. Dabei erwärmt sich das Wasser auf eine fast konstante Temperatur von 27 Grad Celsius und zwängt sich dann durch die Straße von Florida hinaus in den Atlantik. Das ist der Golfstrom!

25 Millionen Kubikmeter Wasser pro Sekunde machen sich von hier aus auf die lange Reise, zunächst entlang der amerikanischen Küste nach Norden und dann über den Atlantik hinweg nach Europa. Obgleich sich der Strom beeilt, nach Europa zu kommen, er strömt immerhin mit einer Geschwindigkeit von 2 bis 2.5 Metern in der Sekunde, hat er sich an unseren Küsten schon mächtig abgekühlt, er hat bei uns eine Temperatur von 12 Grad. Damit stellt er eine Art Warmwasserheizung für Europa dar und beeinflußt unser Klima ganz erheblich. Ohne den Golfstrom ähnelte Westeuropa sicher eher Sibirien, und es ist für uns ein Segen, daß es Florida und den Golf von Mexico überhaupt gibt.

Natürlich profitieren auch die Amerikaner von ihrem Golfstrom, schließlich fließt er bis hinauf nach North Carolina ja entlang der amerikanischen Ostküste.

Das Klima in den USA ist regional sehr unterschiedlich und reicht von subarktischen Verhältnissen in höher gelegenen Gebieten bis zu subtropischen entlang der Golfküste und im südlichen Florida. Ganz allgemein kann man sagen, daß der Westen der USA trockener ist und mehr Sonnentage erreicht als der Osten. Das Klima im Westen wird hauptsächlich durch die Küstengebirge beeinflußt, die sich vom Staate Washington bis nach Südkalifornien erstrecken: durch die Sierra Nevada und östlich davon die Cascade Ranges und durch die Rocky Mountains, die von der Brooks Range in Nordalaska bis zur Sangre de Cristo Range im nördlichen New Mexico verlaufen.

Diese Gebirgsketten hemmen den Feuchtigkeitsfluß von Westen nach Osten, so daß Gebiete im Windschatten nur wenig Regen erhalten, während die sanfter abfallenden, dem Wind zugewandten Hänge mit Wäldern bedeckt sind. Da diese Gebirgsketten von Norden nach Süden das Land durchziehen, werden die Windströmungen aus diesen Richtungen nicht wesentlich behindert, was die vielerorts extremen Temperaturschwankungen zwischen Winter und Sommer erklärt.

Der östliche Teil der Vereinigten Staaten unterteilt sich in vier verschiedene Klimazonen. Das Gebiet, das sich von Neu England und nördlich von New York nach Westen bis ungefähr zum 100. Längengrad erstreckt, wird durch

Die Wundermeile von Panama City Beach

kontinentales Waldklima geprägt, mit ziemlich strengen Wintern und relativ milden Sommern. In Maine z.B. beträgt die durchschnittliche Temperatur im Januar -6 Grad Celsius, sie kann aber auch bis auf -11 Grad fallen. Im Juli dagegen liegen die Temperaturen bei 20 Grad, und es regnet im Jahresdurchschnitt etwa 1105 mm.

Einige Regionen entlang der südlichen Ufer der Great Lakes und der nördlichen und mittleren Atlantikküste zeichnen sich durch ein modifiziertes Festlandklima aus, welches etwas milder ist. In Boston bewegen sich die Temperaturen um -1 Grad Celsius und fallen selten unter -5 Grad. Im Juli ist die Durchschnittstemperatur aber 23 Grad, und es regnet genausoviel wie in Maine.

Die anderen Gebiete südlich New Yorks und der Great Lakes verfügen über ein gemäßigtes kontinentales Waldklima mit mildem Winter, aber ziemlich heißem Sommer. In Montgomery, Alabama, betragen die Durchschnittstemperaturen im Januar +9 Grad Celsius und im Juli 28 bis 33 Grad. Mit einem durchschnittlichen Niederschlag von 1320 mm pro Jahr regnet es hier auch häufiger.

Unser Reisegebiet, nämlich die Golfküste und der südöstliche Teil Floridas sind durch ein subtropisches Klima charakterisiert, mit warmem Winter und sehr heißem Sommer. In New Orleans verweilen die Temperaturen im Januar bei 14 Grad Celsius, während sie im Juli im Durchschnitt bis auf 29 Grad klettern. Es regnet mit 965.2 mm weniger als in den nördlichen Gebieten, doch ist die relative Luftfeuchtigkeit dort extrem hoch.

Ich habe hier bei den Temperaturangaben immer die „Grad Celsius" betont. Das ist wichtig, denn in den USA mißt man die Temperatur (noch) in *Fahrenheit*. Dieses System wurde von dem deutschen Physiker Daniel G. Fahrenheit, der von 1686 bis 1736 lebte, entwickelt. Sein System wurde in den Niederlanden und in allen angelsächsischen Ländern übernommen. Bei der Meßmethode von Fahrenheit liegt der Gefrierpunkt für Wasser bei 32 Grad und der Siedepunkt bei 212 Grad. Daraus ergibt sich eine Umrechnung von Fahrenheit in Celsius nach der nicht ganz leicht zu merkenden Formel:

$$C = (F-32) \times 5/9$$

So, nach dieser kleinen Lektion über das Klima in den USA wissen wir nun, daß wir uns hier am Golf von Mexico in einer subtropischen Klimazone befinden, wo es im Sommer sehr heiß und extrem schwül wird. Das spüren wir hier in der Mittagshitze in Panama City, besonders wenn man als armer Schriftsteller mit einem Schrottwagen ohne Klimaanlage durch die Gegend reist. Diesen ollen Wagen hatte ich übrigens nur auf einer kurzen Reise durch den Panhandle, für die „normalen" Floridareisen hatten wir immer bestens ausgestattete Wohnmobile. Und für die kaputte Schaltung habe ich am Ende der Reise vom Vermieter eine Tagesmiete erlassen bekommen, für den Tag, an dem ich eigentlich in der Werkstatt hätte sitzen müssen.

Als *Redneck Riviera* wird der Küstenstreifen bei Panama City auch bezeichnet, weil es das Erholungsgebiet der ländlichen Südstaatler ist. Als *rednecks* wurden früher die Farmer und Arbeiter bezeichnet, die von dem ständigen Ar-

beiten im Freien einen sonnenverbrannten Hals bekamen. Auch heute noch bezeichnet man scherzhaft so die Kleinstädter des Südens.

Zwar ist die Gegend hier geprägt durch kristallklares Wasser, blauen Himmel und endlosen weißen Strand, aber wer etwas Abwechslung liebt, kommt auch hier auf seine Kosten: Bunt und turbulent ist es an der *Miracle Mile*, der „Wundermeile" von Panama City Beach. Auf eine Länge von etwa 2 km entlang der US 98 finden Sie hier links und rechts der Straße jede Menge Motels, Hotels, Andenkenbuden und Rummelplätze, die uns vielleicht schockieren und so kitschig sind, daß sie deshalb schon wieder anschauenswürdig werden. Und wenn man erst einmal so richtig drin ist in dem Rummel, dann macht's vielleicht sogar auch Spaß. „The Strip" nennen die Einheimischen diese Amüsiermeile, in Anlehnung an den weltberühmten Strip in Las Vegas. Zu vergleichen sind die beiden Straßen jedoch nicht, aber der „Strip" von Panama City Beach wirkt in seiner Häßlichkeit schon wieder originell und lockt mit 400 Restaurants, Imbißstuben, Flipperhallen, Minigolfplätzen, Andenkenläden, Wasserrutschen, Einkaufszentren und Vergnügungsparks.
The Miracle Mile – die Wundermeile von Panama City Beach!

Dafür wird's hinter dieser Wundermeile dann gleich wieder schön und erholsam. Von einem weit ins Meer ragenden Steg haben wir einen schönen Blick zurück auf den Strand mit einer Reihe der typischen Stelzenhäuser, welche die Bewohner vor unliebsamer Begegnung mit den Fluten des Golfs schützen.
In Panama City Beach empfehlen wir

Blendend weiß ist der Strand von Panama City Beach

Stelzenhäuser am Strand von Panama City schützen die Bewohner vor unliebsamen Fußwaschungen bei Hochwasser

Sicher das meistfotografierte Stelzenhaus am Alligator Point

Einsam ist der Küstenstreifen zwischen Panama City und Apalachicola

den Campingplatz „Long Beach Camp Inn". Er liegt gleich vorn links an der US 98A gegenüber dem weithin sichtbaren blauen einbeinigen Wasserturm mit der Aufschrift „Panama City Beach". Es ist nicht der beste Platz auf der Welt, für die Größe des Platzes gibt es viel zu wenig Waschhäuser und diese sind in einem erbärmlichen Zustand und dem Verfall nahe. Ich weiß gar nicht, ob meine Leser sie überhaupt noch antreffen. Aber wie ich die Amerikaner kenne, werden sie die Buden irgendwann einmal notdürftig flicken, und Sie werden alles genau so vorfinden, wie ich es im Mai 1992 verlassen habe: halb verfallen und schmuddelig. Der Platz selbst ist aber wunderschön gelegen und direkt am Strand, was wir nur selten finden. Er kostet 16.44 Dollar, für fünfeinhalb Dollar mehr bekommt man einen Platz in der ersten Reihe direkt am Strand, und dafür kann man die etwas primitiven Sanitärgebäude schon einmal in Kauf nehmen. Es gibt auch noch einen zweiten Campingplatz im Ort, er heißt „Panama City Beach Park" **(904)235-1643** und liegt 1 km weiter die Straße hoch an der rechten Seite gegenüber vom Best

Die Wundermeile von Panama City Beach

Western Hotel und etwa 500 Meter im „Inland", d.h. also etwa 600 Meter vom Strand entfernt und über die Hauptverkehrsstraße hinweg. Auch einen besser ausgestatteten KOA Platz gibt es hier, der liegt aber etwas weiter im Osten an der SR 392 in einer nicht sehr schönen Gegend und etwas entfernt vom Strand. Wegen der schönen Lage direkt am Wasser empfehlen wir deshalb doch den Long Beach Camp Inn.

Gut und preiswert speisen können wir im „Pier 77 Seafood Restaurant", 3016 Thomas Drive **(904)235-3080**.

Wir machen uns dann wieder auf den Weg, und zwar in Richtung Osten, nach *Apalachicola*. Das geht immer entlang auf der US 98, und man fährt direkt durch die *Tyndall Air Force Base* östlich von Panama City. Links und rechts sind ausrangierte Flugzeuge der US Air Force aufgebockt, und vor einer Brücke lesen wir auf einem Schild: Achtung, tieffliegende Flugzeuge, und die brausen dann auch gleich über uns hinweg. Bis hierher ist die Straße zweispurig und stark befahren, jetzt geht sie über in eine normale Landstraße, es hat hier aber wenig Verkehr, und wir kommen gut voran. Wir kommen durch *Mexico Beach*, ein kleiner Ort mit vielen kleinen Holzhäusern und wieder wunderschönem weißem Strand. Links und rechts der Straße ist massenhaft Platz zum Parken, und der herrlich weiße Strand lädt zum Baden ein. Es ist wahnsinnig, die Straße geht jetzt direkt an diesem Superstrand entlang, man sieht keinen Menschen und kaum ein Auto auf der Straße.

In *Port St. Joe* gibt es eine schreckliche Papiermühle, eine Fabrik mit vielen Schornsteinen, es stinkt grauenhaft, und es werden Tausende von Baumstämmen verarbeitet. Wir lassen den Ort ganz schnell rechts liegen um uns gleich darauf wieder an der herrlichen Landschaft der weißen Dünen vor dem tiefblauen Wasser des Golfs und den windgezausten Palmen zu erfreuen.

Nach einer längeren Fahrt durch das Landesinnere sind wir dann plötzlich wieder am Golf, in *Apalachicola*. Das ist ein sauberer kleiner Ort mit vielen Grünflächen und Palmen am Straßenrand. Es gibt hier aber absolut nichts zu sehen, Apalachicola ist jedoch bekannt für seine ausgezeichneten *Austern*. Rund 70% der Austernernte Floridas kommt von hier. Wer also ein Austernfreund ist, sollte hier eine Pause einlegen und in eine der zahlreichen Wirtschaften, *Raw Bars*, gehen und sich an den Meeresfrüchten sattessen. Das geht hier schon für drei Dollar, eine Tüte Pommes Frites mit Ketchup kostet bei uns mehr. Und noch etwas sehr wichtiges stammt aus Apalachicola: Der Medizinmann *Dr. John Gorrie* entwickelte hier bereits in der Mitte des letzten Jahrhunderts den Vorgänger unserer Klimaanlage, um seinen Malariapatienten die Sommerhitze etwas erträglicher zu machen.

Wir fahren dann weiter über die *Apalachicola River Bridge* und dann weiter über einen schrecklich langen Steg über die *Apalachicola Bay*, die John Gorrie Memorial Bridge. Diese Strecke erinnert an den Abschlußdeich am Ijssel Meer in Holland, nur daß es dort keine Palmen gibt.

Wir fahren dann weiter auf der US 98 East zum *Alligator Point*. Hier ist die Küste nicht mehr sandig, sondern bis ins Wasser mit Bäumen bestanden, der schmale Strand ist mit Treibholz übersät, und man kommt sich vor wie an der Westküste der Südinsel von Neuseeland. Wir kommen durch Carrabelle und St. Teresa Beach und müssen dann höllisch aufpassen, um die Abfahrt rechts ab zum Alligator Point zu erwischen, das ist die SR 370 Süd. Es gibt ein Hinweisschild „Alligator Point", man muß aber die Augen offenhalten. *Alligator Point* ist eine Halbinsel, die sich wie ein Haken in den Golf von Mexico schiebt. Es gibt einen KOA Platz und einige sehr schöne Stelzenhäuser, die typisch sind für diese Gegend. Das wohl meistfotografierte Stelzenhaus steht kurz vor dem Campingplatz links direkt am Wasser. Das Wasser und der Strand sind hier nicht mehr ganz so schön, baden Sie also vorher und nehmen Sie diesen Abstecher nur als Ruhepause, und genießen Sie hier die Landschaft und die sehr harmonisch eingepaßten Häuser.

Nach dieser Ruhepause fahren wir weiter auf der 98 East, wir kommen durch Panacea, Newport und Perry, dort geht es rechts ab weiter auf der US 19/98. Wir kommen durch einen Ort namens *Salem*, das ist eines der 42 „Salems" der USA. Es sind jetzt noch etwa 47 Meilen bis *Chiefland*, 10 Meilen vor Chiefland überqueren wir den sagenumwobenen dunklen und geheimnisvollen *Suwannee River*, den wir aber morgen noch in seiner ganzen Schönheit und Romantik erleben werden. Die Autobahn ist hier schnurgerade und deshalb recht schnell. Links sehen wir wieder eine Wiegestation „weigh station" für alle Lastwagen aus beiden Richtungen. „All trucks must enter weigh station", der Staat passt genau auf, daß die Laster nicht überladen sind, wer durchfährt und erwischt wird, dem geht's schlecht, und wer drauffährt und überladen ist, dem geht's auch schlecht. Nur die Braven kommen ungeschoren davon.

Gut zwei Meilen vor Chiefland sehen wir den Wegweiser rechts „Historic Suwannee River – Manatee Springs State Park". Wir gehen auf den wunderschönen Campingplatz im State Park. Nehmen Sie nicht den KOA in Old Town oder irgend einen anderen: Hier im Park gibt es einen schönen kleinen Platz, gut geführt vom Ranger, mit sauberen Sanitäranlagen direkt am Suwannee River. Er kostet 18,02 $ und wird Ausgangspunkt für einen zauberhaften Ausflug zu diesem wunderschönen Fluß.

Die Wundermeile von Panama City Beach

Panama City

Panama City und Panama City Beach
Am Golf von Mexico,
knapp zwei Autostunden südlich von Tallahassee
33 000 Einwohner

Visitors Center	*Panama City Beach Visitors Bureau* *P. O. Box 9473* *Panama City Beach, FL 32407* **(904)233-6503**
Camping	*Long Beach Camp Inn* *10511 Front Beach Road* *P. O. Box 9035* *Panama City Beach, FL 32417* **(904)234-3584 16.44 $**
Motel	*Best Western Del Coronado* *11815 W. Hwy 98* *Panama City Beach, FL 32407* **(904)234-1600 50.00 $**
Highlights	*Miracle Strip* *Der strahlend weiße Strand*
Distanz	*Tallahassee – Panama City Beach* **212 km**

Floridas Staatslied ist Stephen Fosters „Old Folks at Home", das den *Suwannee River* besingt.

Der Suwannee entspringt in Georgias Okefenokee Swamp und fließt dann ziemlich genau in südlicher Richtung durch ein menschenarmes Gebiet ganz durch Mittelflorida hindurch. Bei der Stadt *Suwannee* mündet er dann etwa

Der Suwannee River und die Manatees

Dunkel und unheimlich: Der sagenumwogene Suwannee River

Und dann begegnen wir dem Manatee – der behäbigen, gutmütigen Walze

in der Mitte zwischen Tallahassee und St. Petersburg in den Golf von Mexico. „Schilfrohrfluß" heißt die Übersetzung des indianischen Namens, und der „S'wanee" ist nicht der größte oder längste Fluß Floridas, aber sicher der berühmteste.

Dieser Fluß mit seinem träge fließenden, dunklen Wasser und der ungebärdigen Wildnis aus Zypressenwäldern und Mangrovenhainen an seinen Ufern hat etwas Unheimliches aber gleichzeitig Beruhigendes an sich. Hyazinthen und Schlingpflanzen bilden ein undurchschaubares Dickicht an den Ufern, sie verleihen dem Fluß fast melancholische Züge, und nichts ist erholsamer als ein morgendlicher Spaziergang an dem unheimlichen, totenstillen Ufer des Suwannee, auf der Lauer nach dem *Manatee*.

Die Manatees gehören zu der Ordnung der Seekühe, und die Seekühe sind wie man weiß pflanzenfressende Wasserbewohner. Es gibt nur sehr wenige ausschließlich im Wasser lebende Säugetiere, die sich nur von Pflanzen ernähren. In der Tat sind es nur vier: der Dugong und drei Arten der Manatees. Sie sind alle groß, das Manatee wird dreieinhalb Meter lang, und sie haben stromlinienförmige Körper in der Form eines kleinen Wals. Bei flüchtigem Hinschauen könnte man die Manatees für plumpe Wale halten. Doch sie sind weder mit den Walen noch mit den Kühen, denen sie ihren irreführenden deutschen Namen verdanken, verwandt, sondern mit den völlig anders aussehenden Elefanten. Ihr Körper ist unbehaart, sie haben große und wulstige Oberlippen, die mit kurzen steifen Borsten besetzt sind. Deshalb küsse nie ein Manatee! Dazu werden Sie auch kaum Gelegenheit haben, denn das Manatee lebt ständig im Wasser, d. h. es kann das Wasser überhaupt nicht verlassen, wie z. B. die Seelöwen. Da es reine Pflanzenfresser sind, besteht ihr Gebiß nur aus Mahlzähnen, die vorn abgenutzt und abgestoßen werden und, wie schön, von hinten immer nachwachsen. Die Vordergliedmaßen sind zu kräftigen Flossen umgewandelt, die hinteren Gliedmaßen sind bis auf win-

Der Suwannee River und die Manatees

zige Skelettreste verkümmert, dafür haben sie einen abgeplatteten und hinten abgerundeten, waagerecht stehenden Schwanz. So ein Koloss wiegt ausgewachsen 200 bis 600 kg und wird vermutlich bis 60 Jahre alt. Das Manatee lebt wie gesagt ständig im Wasser, dabei bleibt es bis zu 24 Minuten unter Wasser um dann kurz zum Luftholen aufzutauchen.

Die meisten Meeres- und Süßwasserpflanzen enthalten verhältnismäßig wenige Nährstoffe, meist bestehen sie zu über 90% aus Wasser. Deshalb nehmen die Manatees ungeheure Mengen Nahrung zu sich. Sie weiden wie die Kühe, deshalb vielleicht auch der Name Seekuh, sechs bis acht Stunden täglich und verspeisen dabei bis zu 100 kg.

Mehrere Umstände haben nun leider zum Rückgang der Manateebestände geführt. In den meisten Teilen ihres Verbreitungsgebietes ißt man sie gern und verfolgt sie deshalb mit Netzen und Harpunen. Da ihre Fortpflanzungsrate niedrig ist, verträgt ihr Bestand keine erhebliche Nutzung. Das Weibchen bringt nämlich alle zwei Jahre nur ein Junges zur Welt, deshalb kann man ihre Ausrottung nur durch scharfe Schutzgesetze verhindern. In Florida darf das Manatee deshalb nicht gejagt werden. Trotzdem lebt das Manatee hier gefährlich: Da es sich nur von Pflanzen ernährt, ist es auf flache Gewässer angewiesen. Und hier bringt die immer größere Zahl der Motorboote eine große Gefahr für die trägen Tiere, die den schnellen Booten nicht rechtzeitig ausweichen können und von den Schiffsschrauben arg verletzt oder gar getötet werden. Überall findet man Hinweisschilder „Gebt Acht auf das Manatee", und wer sie einmal beobachtet hat, diese behäbigen, gutmütigen Walzen, der wird gewiß Freude an ihnen haben und in aller Frühe auf die Jagd nach ihnen gehen – mit Kamera und Teleobjektiv!

*

Der Campingplatz im *Manatee Springs State Park* ist wirklich ein wunderschöner Platz. Er ist nicht groß und liegt 6 Meilen westlich von der US 98/19 am Ende der SR 320. Es gibt zwei Kreise und ein V, in denen die Wohnmobile abgestellt werden, genau 100 an der Zahl. Ich hatte den Platz Nummer 83 an dem rechten Kreis, von dort sind es etwa 100 Meter bis zu der kristallklaren Quelle der *Manatee Springs*. Dort kann man baden, tauchen und picknicken. Auch wer hier nicht übernachtet, sondern mit einem normalen Pkw unterwegs ist, sollte unbedingt hier eine kleine Pause einlegen. Es gibt einen genügend großen Parkplatz nur wenige Schritte von der Quelle entfernt. Das Quellwasser fließt dann durch einen schmalen Seitenarm durch dichtes Mangrovendickicht etwa 100 Meter weiter in den Suwannee River. Auf einem Holzsteg kann man bis ganz an den Fluß oder sogar einige Meter in den Fluß hinein gelangen. Der hier recht breite Fluß zieht träge dahin, ist dunkel und von dichtem Urwald eingerahmt. Romantisch ist es hier morgens ganz früh, wenn die Vögel mit leichtem Kreischen über das Wasser streichen und wir eine gute Chance haben, ein Manatee zu sehen. Für diesen Morgen haben wir uns deshalb den Wecker gestellt. Um fünf Uhr begeben wir uns leise auf den Boardwalk, ich habe vorsorglich mein lichtstarkes Objektiv eingesteckt

Der Suwannee River und die Manatees

und zusätzlich noch das Stativ. Das ist hier nicht beschwerlich, da es ja nur wenige Meter bis zum Ufer sind. Die ersten Sonnenstrahlen zwängen sich gerade durch das Dickicht am gegenüberliegenden Ufer, und der Morgennebel hüllt alles in gespenstische Unschärfe. Und dann ein leises Plätschern an der linken Seite. Leise beugen wir uns vor. Deutlich sehen wir den walzenförmigen Rumpf des gemächlich dahintreibenden Ungetüms: unser erstes Manatee!

So schrecklich vorsichtig müssen wir uns gar nicht bewegen, die Biester scheinen keine Angst vor den Menschen zu haben. Es bleibt auch genügend Zeit, das Objektiv zu wechseln, unsere neuen Freunde haben es nicht eilig und sind nicht sonderlich flink. Bald gesellt sich ein zweites Manatee hinzu, und friedlich ziehen sie ihre Bahn, dem gegenüberliegenden Ufer entgegen.

Wir haben sie liebgewonnen, diese sanften Riesen. Nur noch 1200 gibt es von ihnen in Florida, und wir können nur hoffen, daß die strengen Schutzmaßnahmen der Regierung Früchte tragen und die Manatees vor dem Aussterben bewahren.

*

Hier im Manatee Springs State Park treffen wir auch wieder auf die Kollegen, die von St. Augustine aus gleich hierher fahren und den Panhandle auslassen mußten.

Wenn wir am Morgen kein Glück mit den Manatees hatten, sehen wir etwas später am Vormittag ganz gewiss einige von ihnen. Wir fahren heute nämlich weiter auf der US 98/19 nach Süden und kommen nach 60 Meilen zu den *Homosassa Springs*. Das ist das ausgedehnte Quellgebiet des Homosassa River und liegt eine Meile westlich der US 19, die Abfahrt ist an der Verkehrsampel in dem Ort Homosassa Springs gut ausgeschildert.

Mit Booten können Sie durch eine fast tropische Welt fahren. Vom Meer dringt auch Salzwasser in die sumpfige Landschaft. So kommt es, daß hier Süß- und Salzwasserfische gemeinsam zu Tausenden herumschwimmen. Durch den Glasboden der Schiffe kann man dieses beobachten. Hier sehen wir auch die Manatees – nicht ganz in freier Wildbahn wie oben am Suwannee River. Die Quelle ist außerordentlich ergiebig, sie sprudelt jede Stunde fast zwanzig Millionen Liter Wasser hervor. Der *Homosassa Springs Wildlife Park* ist täglich geöffnet von 9:00 bis 17:30, Eintritt 5.90 Dollar, Tel. **(904)628-2311**.

An dieser Stelle ein Tip für Angler: Floridas Westküste ist ein Paradies für Anglerfreunde. Alle Flüsse in diesem Gebiet münden in den Golf von Mexico und sind gut bestückt mit Süßwasserfischen. Am bekanntesten für die Angler sind die Flüsse Crystal, Homosassa, Hillsborough, Manatee, Braden und Peach.

Der König der Fische aus der Sicht der Sportangler in Florida ist der *Tarpun*. Er wird von Mitte Mai bis August gejagt, und das Herz jedes Anglers schlägt hoch, wenn er einen dieser Fische an der Angel hat. Sehr beliebt bei den Anglern sind natürlich die Angelriffe vor der Küste, die man mit einem der vielen Angelboote, die überall zum Chartern angeboten werden, erreichen kann.

Wer mit Kindern unterwegs ist, hat auf der Weiterfahrt auf der US 98/19 Süd zwei Möglichkeiten, Pluspunkte beim Nachwuchs zu bekommen: In Homo-

Dunkel und melancholisch fließt der sagenumwogene Suwannee River

Aber auch Krokodile lauern in den trüben Wassern des Suwannee

sassa kann man die *Yulee Sugar Mill Ruins Historic Site* besichtigen, das ist ein 2,5 Hektar großes Gelände mit den Ruinen einer Zuckerfabrik aus der Zeit vor dem Bürgerkrieg, mit Museum und Picknickplatz.

Fünf Kilometer südlich von Homosassa Springs an der US 98/19 kommen Sie zu den *Homosassa Cyprus Slew* Waterslides, zwei über 150 Meter langen Rutschbahnen.

Weiter geht es dann auf der US 98/19 Süd, bis wir nach 22 Meilen zu einem anderen schönen Ort kommen: *Weeki Wachee*, der Heimat der Mermaids.

Auf unserer langen Fahrt im Wohnmobil gelüstet es uns vielleicht auch einmal, in einer gemütlichen Konditorei einzukehren.

Das Café für den gemütlichen Nachmittagsschmaus oder die Kneipe an der Ecke werden Sie jedoch in den USA vergeblich suchen.

Zwischen den Plastik-Restaurants der Fast-food-Ketten und den speziellen Abend-Restaurants, die zumeist mit einer „Cocktail Lounge" verbunden sind, gibt es nur noch die kleinen ausländischen Restaurants, die Italiener, Mexikaner und Chinesen, um die am häufigsten in Erscheinung tretenden zu nennen. Für die größeren Abendrestaurants, die oft in ihrem Namen schon die Spezialitäten erkennen lassen – zum Beispiel „Seafood" – ist fast immer Vorbestellung notwendig. Am Eingang muß man geduldig warten, ein entsprechendes Schild hält Sie vor übermütigem Handeln zurück: „Wait to be seated". Ein meist nett anzuschauendes Girl führt Sie dann an den Platz, den sie für Sie ausgesucht hat. Das tun diese hübschen Mädchen nicht, um uns zu ärgern, sondern um für eine möglichst gleichmäßige Auslastung der Serviererinnen zu sorgen, und auch weil man meint, es sei dem Gast peinlich, sich selbst einen Platz auszusuchen. Nun, mir selbst wäre dieses nicht peinlich, und ich würde mir meinen Platz schon selbst aussuchen statt lange am Eingang zu warten. Aber andere Länder, andere Sitten, und ein Gutes hat dieses System natürlich auch: man kommt immer an einen frisch gerichteten Tisch und muß nicht die Düfte der abgenagten Hühnerknochen des Vorgängers über sich ergehen lassen. Und wenn's voll ist, danke ich den Girlies von Herzen für die Platzsuche. Wenn uns der zugewiesene Platz nicht gefällt, können wir natürlich unsere Wünsche äußern, und man wird uns ohne zu murren den uns genehmen Platz geben.

Platzgenommen, werden Sie dann nach Ihren Wünschen bezüglich des Cocktails befragt. Dies muß nicht immer der Dry Martini sein oder der Whisky on the Rocks, in den Vereinigten Staaten gibt es mittlerweile auch schon sehr gute Weine, die den europäischen durchaus ebenbürtig sind. Kalifornien produziert Spitzenweine, die man allerdings nicht unbedingt in jedem Lokal bekommt.

Und dann müssen Sie den Kellner irgendwie davon abhalten, den Wein eiskalt zu servieren. Was für das dünne amerikanische Bier unbedingt erforderlich ist, damit man's überhaupt genießen kann, wenden diese Barbaren nämlich auch auf den Wein an: With Ice?

Brrr...

Manchmal heißt es allerdings auch „sorry, no alcoholic beverages". Dann sind Sie entweder in einem alkoholfreien Restaurant oder in einem trockengelegten Bundesstaat. Dann trinkt man zum feinen Steak Orangensaft und Kaffee – oder Wasser.

Sind Sie mit mehreren Leuten unterwegs, die ihre Zeche einzeln bezahlen möchten, so müssen Sie dieses dem Kellner gleich bei der Bestellung kundtun (separate checks please), sonst wird allgemein nur eine Rechnung für einen Tisch gemacht, und man muß hinterher die Beträge einzeln auftröseln.

Die Bars in den USA bleiben immer mindestens bis Mitternacht geöffnet oder noch länger, die Preise sind dabei, im Gegensatz zu Europa, durchaus normal. Die Atmosphäre ist jedoch anders, es ist meist lauter, die Band ist aufregender, und es gibt in der Regel auch eine leichte Mahlzeit. Wer was, wann und wie lange ausschenken darf, bestimmt das Gesetz des entsprechenden Bundesstaates, was hier erlaubt ist, kann woanders ein böses Vergehen sein. In einigen Staaten z. B. ist es verboten, angebrochene Flaschen mit Spirituosen im Auto mit sich zu führen, dies gilt schon als Fahren unter Alkoholeinfluß und wird hart bestraft. In New York City dagegen ist es verboten, alkoholische Getränke offen auf der Straße mit sich zu führen. Man steckt die Flasche deshalb in eine braune Papiertüte – und jeder Blinde kann sehen, was drin ist.

Der Suwannee River und die Manatees

Manatee Springs

Manatee Springs State Park
120 Meilen südlich von Tallahassee an der US 19/98
830 ha

Visitors Center	*Manatee Springs State Park* *RT 2, Box 617* *Chiefland, FL 32626* **(904)493-6072**
Camping	*Manatee Springs State Park* *RT 2, Box 617* *Chiefland, FL 32626* **(904)493-6072** 18.02 $
Motel	*Best Western Inn* *1125 Young Blvd* *Chiefland, FL 32626* **(904)493-0663** 47.70 $
Highlights	*Manatees* *Der Suwannee River*
Distanz	*Panama City Beach – Manatee Springs* **390 km**

Bei den Meerjungfrauen in Weeki Wachee

Vor langer, langer Zeit, vielleicht vor fünftausend oder sechstausend Jahren, konnten Seefahrer von ihren einfachen Booten aus mitunter wundersame Gestalten erblicken, halb Mensch, halb Fisch. Wunderschöne Mädchen mit langen Haaren und hübschen Gesichtern tauchten für wenige Sekunden hinter einer Klippe im Meer auf um dann gleich darauf wieder im Wasser zu verschwinden. Dabei konnten die Seefahrer beobachten, daß der Unterleib dieser Geschöpfe einem Fischleib glich. Die Meerjungfrauen haben mit ihrer Schönheit und Anmut die Seefahrer bezaubert wie die Loreley die Schiffer auf dem Rhein. Doch dann kam einmal ein furchtbarer Sturm. Dunkle Wolken jagten tief über das Wasser, und die Ozeane waren aufgepeitscht und ließen viele Schiffe kentern. Der Wind heulte und der Sturm tobte für mehrere Wochen. Dann war es vorbei, der Ozean war ruhig und leer – aber die Meermädchen wurden seitdem nicht mehr gesehen. Sie waren verschwunden, soviel die Seeleute auch nach ihnen suchten.

Zur Erinnerung an die Zeit der Meermädchen gibt es in der Hafeneinfahrt von Kopenhagen eine wunderschöne Bronzefigur einer Meerjungfrau, *The Little Mermaid*.

Doch dann haben die Meermädchen eine neue Heimat gefunden. In einem wunderschön gelegenen Quellsee mit kristallklarem Wasser in Florida, den „Enchanting Springs", sind sie wieder aufgetaucht.

Vielleicht aber sind es auch die Nachfahren der Indianer vom Colorado, die dort vor langer Zeit zu Fischmenschen wurden:

Vierzehn Stämme des großen Yumavolkes besiedelten nämlich einst das untere Coloradotal. Man nannte sie nur die Rancheria, denn sie waren als begabte Landwirte und Viehzüchter weithin anerkannt.

Da kam es eines Tages zu einer schlimmen Katastrophe. Das Seitental wurde vom Wasser überflutet, und einer ihrer Wohnplätze wurde von der Umwelt durch die steigenden Fluten abgeschnitten. Die Yumaleute zogen sich in den äußersten Winkel des Tales zurück, erklommen am Ende einen Felsvorsprung und mußten mit ansehen, wie der Wasserspiegel immer höher stieg. Die Fluten überschwemmten das Lager. Das Vieh ertrank. Die Alten, die sich nicht rechtzeitig in Sicherheit bringen konnten, versanken in den Fluten. Man konnte voraussehen, wann das Wasser auch den Fluchtplatz erreichen würde. Die Frauen weinten still vor sich hin, und die Männer starrten in die anschwellende Flut, ohne einen Ausweg zu finden. Sie schienen dem Tod geweiht.

„Die Wassergeister wollen uns vernichten", sagten sie. Gab es da noch Rettung?

Der Fels stieg nach oben so steil an, daß niemand ihn erklimmen konnte. Und unten drohte die Flut. So schickten sich die Männer in das Unvermeidliche. Sie waren bereit, den Tod zu erwarten. Aber die Frauen klagten und die Kinder flehten ihre Väter an, sie zu beschützen. Darum sagten die Männer zu ihrem Medizinmann: „Was kannst du tun, um unsere Frauen und Kinder vor dem Tod zu bewahren?"

„Ich will zum guten Manitu, dem großen Weltgeist, beten", antwortete der Medizinmann.

Er legte das heilige Gewand an, das er gerettet hatte, und fastete. Nachdem er sich gewissenhaft vorbereitet hatte, damit seine Gedanken dem guten Manitu begegnen konnten, hob er die Hände auf zum großen Schöpfergott, dem Herrn über Leben und Tod. „Guter Geist", rief der Medizinmann, „sieh uns an in tiefer Not! Die bösen Geister des Wassers wollen uns fressen. Wenn sie uns erreichen, werden wir in den Fluten versinken, und dein Volk geht zugrunde. Hilf du uns, guter Manitu, damit dein Volk lebt!"

Da kam ein Blitz vom Himmel, und Donner erschütterte den Fels. Die Leute schlossen die Augen und beugten die Köpfe. Die Stimme des großen Geistes sprach: „Ich habe euch gehört, und ihr sollt gerettet werden. Darum will ich euch in Fische verwandeln. Ihr sollt so lange im Wasser leben, bis die Flut zurückgeht und das Land wieder trocken ist." Tatsächlich verwandelte der Große Geist die Leute in Fische: die Männer in Fischmänner, die Frauen in Fischfrauen, die Kinder in kleine Fische. Das Wasser überschwemmte sie, aber es konnte sie nicht töten. (Nach Dreeken und Schneider: Die schönsten Sagen aus der Neuen Welt).

Ich glaube, die jungen Mädchen wurden damals auch hier in diese wunderschönen Geschöpfe verwandelt, halb Fisch und halb Jungfrau mit hübschen Gesichtern und hellen, klaren Stimmen, die an lauen Sommerabenden heimlich singen und die jungen Männer verzaubern, ohne daß sie dabei gesehen werden.

Wer weiß, wer weiß,
sind es die Meermädchen aus dem Seitental des Colorado oder die wunderschönen Geschöpfe aus den Weltmeeren, die hier in Florida eine neue Heimat gefunden haben, in den „Enchan-

In der Hafeneinfahrt von Kopenhagen steht diese wunderschöne Figur der Little Mermaid

ting Springs" sind sie wieder aufgetaucht. In der Sprache der Mermaids heißt die Quelle *Weeki Wachee Springs*, und hier können wir sie in einem riesigen Unterwasserbecken täglich beobachten. *Weeki Wachee* liegt 45 Meilen nördlich von Tampa an der Kreuzung der US 19 mit der SR 50. Der Park ist geöffnet von 10:00 bis 17:00 Uhr, März bis September. Er bietet neben der sehr hübschen Unterwassershow der Mermaids (30 Minuten um 11:00 14:30 und 17:00 Uhr) halbstündige Bootsfahrten auf dem kristallklaren und nur 1 Meter tiefen Weeki Wachee River, sowie eine 20-Minuten-Vogelschau um 10:15, 12:30 und 16:15 Uhr. Alles im Preis inbegriffen, dieser beträgt 12.95 Dollar pro Person.

Gleich nebendran ist die *Buccaneer Bay*, eine kleine Badebucht direkt im Quellwasser von Weeki Wachee Springs. Der kleine, sandige und mit Palmen bestandene Badestrand ist recht hübsch, gleicht aber einem deutschen Badesee, ist sonntags total überlaufen und ist für uns nicht unbedingt der Ort, in Florida baden zu gehen. Außerdem kostet's nochmal 6.95 Dollar Eintritt, Kinder 5.95. Das kombinierte Ticket jedoch, d. h. Weeki Wachee Park + Buccaneer Bay kostet nur 1 Dollar mehr als nur der Park. Man sollte deshalb vielleicht 13.95 $ Eintritt zahlen und kann dann später entscheiden, ob man nicht doch ins Schwimmbad gehen will.

Eine andere Bademöglichkeit ist „Pine Island", am westlichen Ende der SR 50. Hier kann man sehr schön im Golf von Mexico baden, hat jedoch sonntags keine Chance, da der Parkplatz sehr klein ist und es sonst absolut keine Parkmöglichkeit gibt. Wochentags ist es

Die Meermädchen von Weeki Wachee

Anmutig ist die Unterwasser-Vorführung der Mermaids

Lautlos gleitet unser Boot durch das glasklare Wasser der Weeki Wachee Springs

Dies ist die den meisten Kindern vertraute Welt von Micky Maus und Donald Duck

besser, und die Badeinsel ist wirklich sehr schön.

*

Da wir an diesem Tag wegen der Beobachtung der Manatees sehr früh aufgestanden sind, können wir auch die Unterwassershow der Mermaids noch genießen, die letzte Show ist um 17:00 Uhr. Die beiden nächsten Tage sind etwas anstrengend, jedenfalls nicht so geruhsam wie die herrlichen Tage am Golf: wir starten ins Landesinnere zu dem vielleicht größten Rummelplatz der Welt: *Disney World* bei Orlando. Genießen wir deshalb noch einmal den Strand von Pine Island, dann sollten wir aber noch einen schönen Schlag nach Osten machen. Direkt am Parkplatz von Weeki Wachee zweigt die SR 50 ab, die fast in Luftlinie nach Orlando führt. Es sind 37 km bis zur Kreuzung mit der I-75, dort gibt es einen kleinen aber sehr gepflegten Campingplatz. Er heißt „Tall Pines RV Park". Wenn Sie hier des Fahrens müde sind, können wir diesen Platz mit gutem Gewissen empfehlen.

Wenn uns die Zeit noch reicht, können wir jedoch auch schon heute bis auf den Campingplatz von Disney World fahren, dann haben wir morgen etwas mehr Zeit. Allerdings sind das von hier aus nochmal 114 km, und auf der Strecke gibt es keinen Campingplatz. Wir würden dann weiterfahren auf der SR 50, immer nach Osten, über die kleinen Orte Ridge Manor, Linden, Mascotte, Groveland und Clermond bis an die Kreuzung mit der US 27. Dieser folgen wir Süd bis zur US 192 East, dort finden wir nach wenigen Meilen den KOA Platz „Kissimmee" an der linken Seite.

Weeki Wachee

104 km nördlich von St. Petersburg

Visitors Center	*Weeki Wachee Springs* *US 19 / SR 50* *Weeki Wachee, FL 34606* **(904)596-2062**
Camping	*Tall Pines RV Park* *30455 Cortez Blvd.* *Brooksville, FL 34602* **(904)799-8597 13.78 $**
Motel	*Holiday Inn Weeki Wachee* *(gegenüber Weeki Wachee an der US 19)* *6131 Commercial Way* *Spring Hill, FL 34606* **(904)596-2007 60.00 $**
Highlights	*Unterwassershow der Mermaids*
Distanz	*Manatee Springs – Weeki Wachee* **134 km**

Von Micky Mäusen und Tomorrowland

Auf halbem Weg zwischen Weeki Wachee an der Westküste Floridas und Cape Canaveral an der Ostküste liegt *Disney World*, 32 km vor Orlando. Disney World wurde 1971 eröffnet, nachdem die Walt Disney Company große Erfolge erzielen konnte mit dem weltbekannten Disneyland in Anaheim, Kalifornien. Obwohl gewissermaßen eine Tochter von Disneyland, ist Disney World in Florida um vieles größer als das berühmte Vorbild bei Los Angeles: Allein der riesenhafte Parkplatz der Orlandoer Anlage ist so groß wie ganz Disneyland in Kalifornien. Auf einer Gesamtfläche von 11 000 ha gibt es drei große Komplexe mit unterschiedlichen Themen (theme parks), hinzu kommen Hotels, Zoos, Golfplätze, ein guter Campingplatz und irrsinnige Parkplätze.

Magic Kingdom, EPCOT Center und *Disney-MGM-Studios* heißen die drei Komplexe innerhalb von Disney World. Sie sind durch ein Monorail-Verkehrssystem miteinander verbunden. Aber auch innerhalb eines einzelnen Komplexes sind die Entfernungen so enorm, daß man am Abend mit schmerzenden Füßen ins Bett fällt. Man sollte deshalb nicht übertreiben: An einem Tag kann man nur eine Sektion sehen und auch davon nur einen geringen Teil. Ich kenne Leute, die verbringen ihren ganzen Urlaub hier, und die Umgebung ist auch darauf eingestellt: Vom sehr guten Campingplatz über einfache und bessere Motels bis hin zum Superhotel oder der Dreizimmer-Villa ist alles zu haben, und für Walt Disney Fans würden wir einen mehrtägigen Urlaub durchaus empfehlen.

Dieses *Monorail* System wäre eigentlich eine gute Sache für unsere von ständigen Autostaus geplagten Großstädte. Warum gibt es sie nur in Disney World? Die Monorails pendeln im Dreiminuten-Takt zwischen Haupteingang, den drei Bereichen des Kingdoms und sogar dem großen Hotel, durch das die Bahn mitten hindurchfährt. Alles läuft vollautomatisch ab, leise, schnell und mit der Präzision einer Schweizer Armbanduhr. 300 Passagiere passen in einen Zug, mehrere Millionen werden jeden Monat befördert. Putzig ist es, wenn die Bahn mitten durch das „Contemporary Resort Hotel" fährt und in der Empfangshalle hält. Man schaut auf Restaurants und Cafés und auf acht Stockwerke mit Hotelzimmern, gleitet fast geräuschlos wieder heraus und hat doch niemanden gestört. Ein Geheimnis der Monorail.

Die Monorail bringt uns denn auch schnell und sicher zu dem Park, den wir für unseren heutigen Ausflug gewählt haben, der Fahrpreis ist im Eintrittspreis enthalten.

Geld müssen Sie allerdings mitbringen, sonst sind Sie schon gleich hinter dem Eingang Pleite: Der Eintrittspreis wird offensichtlich nach der Entfernung von Orlando gemessen (32 km): 32 Dollar pro Person. Das ist aber nur für einen Tag und einen der drei Parks. Wer länger bleiben will kann einen „All Three

Von Micky Mäusen und Tomorrowland

Parks Passport" erwerben, dieser kostet 107 Dollar, ist gut für vier Tage und berechtigt gleichzeitig zur Benutzung der Monorail. Kinder zahlen 87 Dollar, eine Familie mit zwei Kindern ist hinter dem Drehkreuz damit bereits um 388 Dollar oder etwa 660 DM ärmer!
Da die Amerikaner aber selten zu Nepp neigen, bekommen Sie auch eine ganze Menge für Ihr Geld: sämtliche Angebote in den Parks sind kostenlos, ausgenommen Essen und Trinken.

*

Fast alle Touristen, die Florida bereisen, kommen irgendwann durch Disney World, das Herz von Floridas Tourismusindustrie. Nicht jedem gefällt dieser Rummel, aber wem's nicht gefällt, der kann ja dieses Kapitel auslassen. Meines Wissens ist noch niemand nach Disney World verschleppt worden. Natürlich ist es hier anders als an den weitläufigen, menschenleeren Stränden des Panhandle, aber es ist ein Teil von Florida, und wir wollen es deshalb auf unserer Rundreise nicht ausschließen. Im Gegenteil: Sie brauchen mindestens zwei Tage, um das Nötigste zu sehen. Deshalb planen wir hier auch zwei Übernachtungen ein.

Disney World hat gleich noch einige Ableger, ganz in der Nähe finden wir *Sea World*, *Boardwalk & Baseball* und *Hotel World*, letzteres natürlich nur, um die vielen Besucher zu beherbergen, 148 000 können es pro Tag sein!

Mit Kindern sollte man zunächst – oder vielleicht überhaupt nur – ins *Magic Kingdom* gehen. Dies ist die den meisten Kindern vertraute Welt von *Mickey Mouse* und *Donald Duck*. Ähnlich wie in Anaheim gibt es auch hier verschiedene „Länder", die unterschiedlichen Themen gewidmet sind. Da gibt es gleich hinter dem Eingang die „Main Street USA". Dann, wie auch in Anaheim, die Abschnitte *Adventureland*, *Frontierland*, *Fantasyland* und *Tomorrowland* sowie *Mickey's Birthdayland*. Alle sind kreisförmig um das *Cinderella Castle* gruppiert, einer nicht verkennbaren Kopie von Schloß Neuschwanstein in Bayern.
Die *Jungle Cruise*, eine Bootsfahrt auf einem Dschungelfluß mit Raubtieren, Buschmännern und wütenden Gorillas, wurde von Kalifornien importiert. Auch das Schloß ist eine Nachbildung des Schlosses in Kalifornien, also eine Kopie der Kopie von Bayern.
Aber wo sollen wir anfangen? Wie kann man dieses Monster von einem Vergnügungspark beherrschen?
Sie werden es nie beherrschen. Lassen Sie sich ganz einfach treiben, schauen Sie hier herein und dort, die Main Street USA führt geradewegs zum Schloß, und von hieraus führen fünf Straßen strahlenförmig zu den einzelnen Sektionen des Parks: rechts nach Tomorrowland, schräg rechts nach Fantasialand, links geht's zum Adventureland und schräg links zum Frontierland. Mickey Mouse und seine Freunde treffen wir am ehesten direkt hinter dem Schloß.
Wer's eilig hat oder nicht so schrecklich viel laufen möchte, kann sich alles ansehen auf einer Rundfahrt mit der alten *Walt Disney Railroad*, ansonsten ähnelt die Anlage sehr dem „Mutterpark" in Anaheim. Wer diesen jedoch nicht kennt, für den ist es hier recht vergnüglich, und besonders mit Kindern gibt es großen Spaß. Die tägliche Mickey Mouse Parade mit all den bunten Figuren erfreut Jung und Alt, und die Revue

Von Micky Mäusen und Tomorrowland

Aber auch Donald Duck, Goofy und all die anderen lustigen Figuren finden wir hier in Mickey's Birthdayland

Cinderella Castle – das Wahrzeichen von Magic Kingdom

Der Star von Magic Kingdom ist ohne Zweifel Micky Maus, der Liebling aller Kinder

Von Micky Mäusen und Tomorrowland

„The Diamond Horseshoe Jamboree" in Frontierland mit den hübschen Revuegirls ist ständig ausgebucht.

Tomorrowland zeigt uns die Welt von morgen. Dort gibt es die nervenkitzelnde Achterbahn im Weltall, den Raketenstart zum Mars, Traumreisen in ferne Länder, eine Wasserfahrt im Waschzuber und vieles mehr.

Im *Fantasyland* kommen wir in die Welt der Puppen und der populären Disney-Filme wie „Schneewittchen" und „Peter Pan". In „It's A Small World" schaukelt man per Boot durch das Fantasieland der Puppen, und Jules Verne begegnen wir in „20 000 Leagues Under the Sea".

Adventureland begrüßt uns gleich hinter der Holzbrücke mit einem riesigen Baum, dem „Swiss Family Treehouse", der aus 200 Tonnen Beton und 800 000 Plastikblättern erbaut wurde. Bei den „Pirates of the Caribbean" treibt man langsam in Booten durch eine Seeschlacht, bei der die Piraten eine Stadt einnehmen.

In *Frontierland* finden wir das „Fort Sam Clements", „Tom Sawyer Rafts", die „Shooting Gallery" und andere Dinge aus der Zeit der Einwanderer.

In *Mickey's Birthdayland* endlich finden wir Mickey und seine Freunde, dies ist nicht nur ein großer Spaß für unsere Kleinen, sondern auch erfrischend und nett anzuschauen für die Erwachsenen. Magic Kingdom ist täglich geöffnet von 9:00 Uhr bis Mitternacht, Eintritt 32 Dollar (Kinder 26 $).

*

Der zweite der drei Parks ist EPCOT *Center*. Dafür gibt es kein Vorbild in Anaheim, dies ist eine Florida-Spezialität. Dies ist mehr ein Welt-Informationszentrum. In einer Dauerausstellung gibt es Pavillons aus elf Ländern, die jeweils versuchen, das Typische ihrer Heimat darzustellen. Für Deutschland natürlich bayrische Blasmusik (German Umtata Music) und Schweinshaxen. Hier im *World Showcase* können wir echt französisch speisen im Restaurant Les Chefs de France, können uns von echten Japanerinnen echten japanischen Tee servieren lassen oder im Chinesischen Pavillon einen grandiosen Film über die Geschichte Chinas sehen, auf neun Leinwänden. Gleich hinter dem Eingang von EPCOT erhebt sich die riesige 55 m hohe Aluminiumkugel, die zum Wahrzeichen von EPCOT wurde. Im Innern der Kugel bewegt man sich in einer Art „Geisterfahrzeug" durch die verschiedenen Entwicklungsstufen der Menschheit hindurch – von der Steinzeit bis hin zur Weltraum-Kommunikation. *Spaceship Earth*, Raumschiff Erde, nennt sich diese Ausstellung, und wir erleben alles aus der Perspektive eines Raumschiffes. Hinter der Alu-Kugel gibt es einen großen See, die *World Showcase Lagoon*, um den herum sich die Ausstellung World Showcase gruppiert. Mexico, Norwegen und China finden wir links, Canada, England und Frankreich rechts, während die Länder Deutschland, Italien, USA, Japan und Marokko am gegenüberliegenden Ufer zu finden sind.

Daneben gibt es 6 weitere Pavillons mit vielen lehrreichen Dingen. Im *Universe of Energy* erfährt man alles über Energie, Kohle, Öl und Elektrizität, und natürlich besteht das Dach dieses Pavillons aus Solarzellen. 80 000 Zellen erzeugen den Strom für die Fahrzeuge des Pavillons. Im *World Motion Center* wird die Entwicklung der Transportmittel erklärt, vom Rad bis zur Weltraum-

Die Monorail bringt uns schnell in die anderen Parks von Disney World

fahrt. *Journey into Imagination* ist eine faszinierende Ausstellung ins „Land der Illusion", mit 3 D-Kinos, Regenbogentunnel, Bubble Musik und Computer Malerei. Im *Magic Eye Theater* gleich nebendran sehen wir das 17 Minuten lange 3D Scientific Fiction Filmmusical „Captain EO", mit Michael Jackson in der Hauptrolle. Bauern können erfahren, wie künftig Landwirtschaft betrieben wird: *The Land* zeigt uns dies auf der „Tomorrow's Harvest Tour". Rechts neben der Alu-Kugel steht EPCOT's neueste Errungenschaft: *The Living Sea*, ein riesiges Aquarium mit fast 22 Millionen Liter Wasser und über 4000 Meereslebewesen. Die Besucher können in diese Unterwasserwelt hineinfahren mit dem „Hydrolator" und erfahren viel über das Leben unter Wasser.

EPCOT ist lehrreich und interessant, nicht unbedingt für Kinder. Diese interessieren sich mehr für Mickey Mouse und Donald Duck als für Umwelt, Energie und die Technik von Morgen. Mit Kindern ist man in Magic Kingdom besser aufgehoben. Und bedenken sie, nicht umsonst hat EPCOT einen vielsagenden Beinamen: **E**very **P**erson **C**omes **O**ut **T**ired – Jeder kommt müde heraus!

✲

Der dritte und neueste Teil von Disney World sind die *Disney-MGM-Studios*. Auf einer zweistündigen Tour wird man hinter die Kulissen der Fernsehproduktion geführt. Man sieht, wie Bühnenaufbauten entstehen, wie Filmtricks gemacht werden, man fährt, ähnlich wie bei der *Universal Studio Tour* in Los Angeles, durch einen „Katastrophen Canyon" und durch einen New Yorker Hinterhof.

✲

Mickey Mouse wurde am 18. November 1928 geboren. Sie stammt aus Amerika, ihr Vater heißt Walter Elias Disney. Walt Disney (1901–1966) hatte die Idee mit der Maus auf einem Flug von

Von Micky Mäusen und Tomorrowland

New York nach Hollywood. Sein Freund und Partner Ub Iwerk, mit dem zusammen er ein kleines Trickfilmstudio in Hollywood besaß, zeichnete die Maus und nannte sie Mortimer. Walt Disneys Frau jedoch fand diesen Namen gar nicht schön und nannte sie Mickey. Am 18. November 1928 trat Mickey Mouse dann zum ersten Male in New York City auf: Im Colony Theater am Broadway hatte der Film „Steamboat Willy" Premiere, und dort erschien Mickey Mouse als Leichtmatrose und brachte das Publikum sofort zum Lachen. Dies war die Geburtsstunde von Mickey Mouse, und der Siegeszug um die ganze Welt begann. Bald kamen Freunde hinzu: *Donald Duck, Goofy, Minni Mouse* und andere, und alle erfreuten fortan Jung und Alt. In Disney World sind sie alle zu sehen.

*

Wer jetzt noch nicht genug hat, kann sich noch die Ableger von Disney World ansehen.
Sea World liegt nur wenige Meilen in Richtung auf Orlando rechts von der I-4.

Die riesige Aluminiumkugel ist das Wahrzeichen des EPCOT Centers

Auch über das Leben der frühen Indianer erfahren wir etwas im EPCOT Center

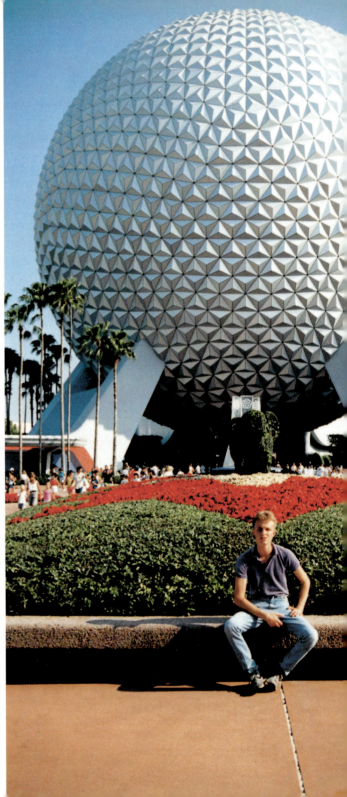

Was es hier gibt, ist leicht zu erraten. Tanzende Pinguine, Seelöwen und Schwertwale, ein Tunnel durch ein Haifischbecken und alles, was mit Meerestieren zusammenhängt. Es ist ein weitläufiger Vergnügungspark, in dem allein man einen ganzen Tag verbringen könnte mit Shows der Killerwale, Delphinen und Seelöwen, mit der Pinguin-Halle oder der Korallenriff-Ausstellung.
Geöffnet ist täglich von 9 bis 20 Uhr (im Sommer länger), der Eintritt kostet 25 $, Kinder 21 $, Tel **(407)351-3600**.

Boardwalk & Baseball, an der Kreuzung der US 27 mit der I-4 gelegen, ist ein besonders bei Kindern beliebter Vergnügungspark. Es finden regelmäßig Vorführungen mit Tieren, Clowns und Artisten statt, wie früher in der Circus World. Die langjährige Attraktion „Circus World" an dieser Stelle gibt es heute nicht mehr, sie wurde 1987 ersetzt durch den Amusementpark „Boardwalk and Baseball". Dieser bietet atemberaubende Artistik auf dem Hochseil und am Trapez, Clowns und hübsche Mädchen, Blasmusik und Tiere, Rollercoaster, Riesenachterbahnen und Münchener Rutschen, und dazu alles über Baseball.
Ich kann jedoch nicht garantieren, daß Sie dies alles noch vorfinden: dieser Park hat's schwer neben Disney World. Der Vergnügungspark ist teilweise schon geschlossen, wie lange sich der Baseball-Teil halten wird, steht in den Sternen.

Ja, Walt Disney World ist zur eigenen Welt geworden, es fehlt hier an nichts, und es gibt sogar eine eigene Hotelstadt, *Disney Village* genannt. Die meisten der 28 000 Disney World Angestellten wohnen hier. Nur wenige von ihnen bekommen wir zu sehen, die meisten von ihnen kostümiert.

Wie war das doch: **E**very **P**erson **C**omes **O**ut **T**ired – Jeder kommt müde heraus. Und müde begeben wir uns nach einem langen und anstrengenden, aber sehr vergnüglichen Tag zurück zu unserem Auto. Vorausgesetzt wir finden es!
Der Parkplatz von Disney World faßt 22 000 Autos! Wehe, wenn Sie sich nicht genau gemerkt haben, wo Sie ihr Fahrzeug am Morgen abgestellt haben. Die Suche am Abend kann sehr beschwerlich sein – ich spreche aus Erfahrung!

Von Micky Mäusen und Tomorrowland

Disney World

32 km südwestlich von Orlando
11 000 ha

Visitors Center	Walt Disney World P. O. Box 40 Lake Buena Vista, FL 32830 (407)824-4321
Camping	KOA Kissimmee 4771 W. Bronson Hwy. Kissimmee, FL 34746 (407)396-2400 30.00 $
Motel	Best Western Grosvener Resort Walt Disney World Village Lake Buena Vista. FL 32830 (407)828-4444 80.00 $
Highlights	Magic Kingdom EPCOT Center Disney-MGM-Studios
Distanz	Weeki Wachee – Disney World **151 km**

Beautiful Girls in Cypress Gardens

„Was, du ißt so was?"
Von *Paula Almquist* las ich im Stern über die Cholesterin-Panik der Amerikaner folgenden netten Beitrag:
„Warum bloß fällt es den meisten Menschen so schwer, rundum gesund zu leben? Schließlich können sich Millionen Amerikaner nicht irren. Die joggen alle, während wir noch qualmen. Die verdünnen ihren Champagner mit Mineralwasser. Die haben ihre Geschmacksknospen irgendwie so manipuliert, daß ihnen in Wasser gegarter Weißfisch so gut schmeckt wie uns Räucherlachs. Dabei ist es doch ganz leicht, so ein vorbildlicher Krankenkassenkunde zu werden. Es braucht nur genügend gesellschaftlichen Druck und eine Armee freiwilliger Gesundheitspolizisten.

Als ich neulich in einem New Yorker Kaufhaus einen scheußlich-schönen Salzstreuer in Form des Chrysler Buildings erstehen wollte, stupste mich eine feine Dame in den Rücken und fragte in strengem Ton: „Wozu kaufen Sie das? Wissen Sie nicht, daß man überhaupt kein Salz essen soll?" Eingeschüchtert beeilte ich mich zu versichern, ich nähm' den Streuer nur für Selleriesalz und vielleicht würde ich ihn nur als Mitbringsel verschenken.

Zum Frühstück im „coffee shop" bestellte ich ein Omelette. „Normal oder weiß?" wollte die Serviererin wissen. Omelette nur aus Eiweiß ist der letzte cholesterinfreie Schrei in Manhattan und kostet aus unerfindlichen Gründen einen Dollar mehr.

Cholesterin ist der neue Volksfeind. Selbst die koreanischen und italienischen Grünhöker haben die Zeichen der Zeit erkannt und dekorieren Obst und Gemüse mit dem verkaufsfördernden Hinweis: „Ohne Cholesterin".

Trotzdem entdeckt der Tourist aus der Alten Welt hin und wieder Störenfriede des gesunden Lebens: nämlich jene Dicken, die scheinbar nur Amerika hervorbringt. Diese Kugelrunden, die bevorzugt als Familienverbände auftreten und deren Fleisch Bände spricht von jahrelangen Eiscreme-Orgien, Kartoffelchips-Schlachten und sonstiger Mißachtung der Ernährungsberater, von denen Manhattan ungefähr zwei Millionen hat. Die Dicken, sagen meine Bekannten, die darf man nicht mitzählen. Das sind Besucher aus der Provinz.

Die Cholesterin-Panik hat auch die Restaurant-Szene gründlich verändert. Nach einem uramerikanischen saftigen Steak muß man sich heute in Manhattan schon seine beturnschuhten Füße ablaufen. Rotes Fleisch ist pfui, vegetarische Menüs sind in. Und die Niederlage von Pearl Harbor ist vergessen und vergeben; die Japaner sind die Darlings der figurbewußten Yuppies. In der Mittagspause Sushi mit Stäbchen und dünnen grünen Tee – das Gepicke am rohen Fleisch mit ungewürztem Papreis tut der Figur und dem Gewissen gut und ist darum unbestreitbar schick. Genüßliche Verzückung ist auf den Gesichtern der Tafelnden freilich kaum zu entdecken. So kann man auch leicht der klassischen Regel der Diätberater folgen und ohne große Selbstüberwindung was auf dem Teller zurücklassen. „Was, du ißt so was?" fragte meine New Yorker Freundin fassungslos, als ich mich behaglich übers Beste hermachte, die knusprige Poularden-Haut. Sie selber schob sie angeekelt an den Tellerrand, ihr Gesicht sprach Bände des Gesundheitslexikons.

Das Geheimnis von soviel Disziplin? Eine Mineralwasser-Firma hat's kapiert. Sie wirbt für ihren gesunden Brunnen mit dem Slogan: „Reden Sie sich einfach ein, es wäre schlecht für Sie …"

Ja, gell, dann geht auch ein fades stilles Wasser runter wie 20jähriger Whisky…"

Soweit Paula Almquist, und es ist wirklich auffällig, daß wir gerade in dem cholesterinverängstigten Amerika mehr Dicke sehen als sonstwo auf der Welt. Aber wirklich Kugelrunde, wie Paula Almquist schreibt. Das andere Extrem sind dann die spindeldürren Ausgemergelten, die vor lauter Panik nicht merken, daß sie mittlerweile aussehen wie gerupfte Nebelkrähen.

Probleme mit der Figur, ob zu dünn oder zu dick, scheinen die Mädchen aus Cypress Gardens nicht zu haben. Sie sind bildhübsch und wohlproportioniert und dienen als fotogene Farbtupfer in Floridas ältestem Vergnügungspark: Cypress Gardens.

*

Dreiundfünfzig Kilometer südlich von Disney World, genau östlich von Winter Haven am Lake Eloise, liegt ein kleines Paradies: *Cypress Gardens*. Auf einem Gelände von 90 ha gibt es wunderschöne tropische Gärten mit romantisch angelegten Spazierwegen. Mädchen in den alten Trachten der Südstaaten, die *Southern Belles*, wandeln im Park und bieten herrliche Motive für die Fotografen. Millionenfach abgelichtet, gehören sie zu den meistfotografierten Mädchen der Welt. Dabei wurden sie eigentlich aus einem Notstand heraus kreiert: Anfang der vierziger Jahre wurde Florida von einer großen Kältewelle heimgesucht, die viele Bäume und farbenfrohe Pflanzen des Parks zerstörte. Würden die Gärten jemals wieder ihre Farbenpracht zurückgewinnen? Die Gäste blieben aus, da sie den Eindruck hatten, daß Cypress Gardens nicht mehr farbig sei. Da hatte Mrs. Julie Pope, die Frau des Gründers des Parks Dick Pope Sr., die Idee, Farbe in den Park zu bringen durch die bunt gekleideten Damen. Dieser Brauch wurde beibehalten, und die Southern Belles erfreuen seitdem das Herz jedes Fotografen. Die Zypressen, die auf ihren Luftwurzeln im Wasser stehen, bilden einen wildromantischen Hintergrund für exotische Pflanzen und Tiere, die man auf einer Fahrt im Elektroboot bestaunen kann. Weiterhin gibt es eine holländische Windmühle und ein Love Chapel – ein Liebestempelchen, exotische Tiere und eine Vogelschau.

Stolz präsentiert sich der Pelikan dem Fotografen

KODAK's *Island in the Sky* ist eine hydraulisch betriebene Aussichtsplattform, die den Besucher in die Höhe eines 16stöckigen Wohnhauses bringt, von der rotierenden Plattform dort oben hat man einen schönen Blick auf die ganze Anlage.

Den Höhepunkt jedoch bildet die *Water Ski Revue*, bei der die besten Wasserskiläufer der Welt auftreten und atemberaubende Experimente vorführen. Die *Aquamaids* zeigen anmutige Wasserski-Vorführungen, die Damen und Herren der Show bilden eine Pyramide im atemberaubenden Wasserski-Tempo, Akrobaten springen über eine Schanze, drehen sich in der Luft, machen Saltos und Luftschrauben, und ein Clown entwickelt in seiner spaßigen Haltung erstaunliche sportliche Fähigkeiten. Die Vorführung der barfüßigen Wasserskiläufer stellt große Anforderungen auch an den Bootsführer, denn bei dieser Übung muß die Geschwindigkeit genau zwischen 40 und 42 km/h gehalten werden. Dann wird ein Drachenflieger in die Luft gehoben, und wir können seinen Schwebeflug zurück in die Lagune beobachten. Das schwierigste Kunststück aber kommt zum Schluß. Zehn Wasserskiläufer stellen sich hinter dem Zugboot auf, lassen sich alle gemeinsam ziehen und klettern dann blitzschnell übereinander, um eine vierstöckige Pyramide zu bilden. In dieser Formation drehen sie dann eine Runde durch die Lagune. Jedes Jahr im Juni finden hier die Weltmeisterschaften im Wasserski statt.

Southern Crossroads ist die Nachbildung einer kleinen Stadt des Südens à la „Vom Winde verweht" mit Geschäften, Restaurants und Theatern. Hier sehen wir auch „Whistlestop USA", die

Nett anzuschauen: Die Southern Belles von Cypress Gardens

Beautiful Girls in Cypress Gardens

Sehr beeindruckend ist die Wasserski-Vorführung in Cypress Gardens

Die Zypressen, die auf ihren Luftwurzeln im Wasser stehen, bilden einen wildromantischen Hintergrund für exotische Tiere und Pflanzen

Beautiful Girls in Cypress Gardens

allergrößte Modelleisenbahn Floridas. Anschließend sollten wir auch den älteren Teil des Parks besuchen. Hier finden wir einen tropischen Urwald mit 8000 Pflanzenarten in unvorstellbarer Blütenpracht, das ganze Jahr hindurch. Besonders hübsch sind die alten Zypressen am Seeufer, die über und über mit Spanish Moos überwuchert sind.

Cypress Gardens ist nicht nur der älteste, sondern vielleicht auch der schönste Vergnügungspark Floridas. Er kommt ganz aus ohne Achterbahnen und King Kong, es ist ein großer Garten zum Erholen. Geöffnet täglich von 9:00 bis 18:00 Uhr, der Eintritt beträgt 18.50 Dollar, der große Parkplatz ist dafür wieder kostenfrei.

*

Von Disney World nach Cypress Gardens ist es nicht weit: 53 km, die wir am Abend nach dem Besuch bei Mickey Maus noch locker packen.
Cypress Gardens liegt in der Nähe von Winter Haven am Highway 540. Dazu fahren wir von Disney World zunächst auf der US 192 West bis zur US 27. Auf dieser fahren wir genau 30 Meilen nach Süden, dort zweigt die SR 540 nach rechts ab, und etwa nach 3 Meilen sind wir am Parkplatz vom Zypressengarten. Unser heutiger Campingplatz ist kurz davor, und zwar 1 Meile hinter der Abzweigung von der US 27, er heißt „Best Holiday Trav-L-Park".

Ich muß davon ausgehen, daß einige meiner Leserinnen gern mal „oben ohne" baden oder sich ganz ohne bewegen möchten. Das ist in den USA schwierig, denn an den öffentlichen Stränden ist „oben ohne" verboten und auch nicht üblich. Auch die oben-ohne gewohnten Europäer sollten sich tunlichst an diese Regel halten, da sie sonst ganz schnell Ärger mit der Polizei oder den Mitmenschen bekommen würden. Für Freunde des textillosen Lebens gibt es einige FKK-Plätze, die in Camping- und Reiseführern besonders ausgewiesen sind. Einen solchen gibt es hier in der Nähe, er heißt „Cypress Cove Nudist Resort", 4425 S. Pleasant Hill Rd., Kissimmee, FL 34746 an der SR 531, 12 Meilen südlich von Kissimmee **(407)933-5870)**. Er ist allerdings nur zugelassen für Ehepaare und Familien, es wird empfohlen, eine rechtzeitige Reservierung zu machen.

Cypress Gardens

Im Herzen Floridas
53 km südlich von Disney World
90 ha

Visitors Center	*Cypress Gardens Inc.* *P.O. Box 1* *Cypress Gardens, FL 33884* **(813)324-2111**
Camping	*Best Holiday Trav-L-Park* *7400 Cypress Gardens Blvd.* *Winter Haven, FL 33884* **(813)324-7400** 16.95 $
Motel	*Best Western John's Resort* *1504 US Hwy 27 South* *Haines City, FL 33844* **(813)422-8621** 60.00 $
Highlights	*Wasserskivorführung* *KODAK Island in the Sky* *Southern Belles fotografieren*
Distanz	*Disney World – Cypress Gardens* **53 km**

Tampa und St. Petersburg

Tampa, einst eine verschlafene Zigarrenarbeitersiedlung am Golf von Mexico und Hafen für den Phosphattagebau, will zu einer Metropole werden, die selbst Miami in den Schatten stellt. Den Grundstein hierzu legte am 26. Juli 1888 ein Mann namens *Henry Bradley Plant*, ein Yankee aus Connecticut. Er besaß bereits eine riesige Eisenbahngesellschaft, die es den Reichen aus New York ermöglichte, ohne umzusteigen von der Grand Central Station in New York City bis nach Tampa an der Westküste von Florida zu reisen. Diese Eisenbahnverbindung gab es seit 1884. Nun baute Mr. Plant hier vier Jahre später ein riesiges Hotel, das *Tampa Bay Hotel*. Er stattete es luxuriös aus und verdiente eine Menge Geld mit den Burschen von der Ostküste. Das Tampa Bay Hotel war das erste in den Südstaaten, das mit elektrischem Strom versorgt wurde, dank der Erfindung der Glühbirne von Thomas Edison, darüber erfahren wir später in Ft. Myers mehr. Dann jedoch nagte die Depression von 1926 auch an diesem Luxushotel, und 1933 wurde es an die Universität von Tampa verkauft, deren Residenz es heute noch ist, nach einer gründlichen Restaurierung.

Natürlich gab es in Tampa nicht nur das Hotel des Mr. Plant, aber der Beginn der Stadt war tatsächlich dieses Luxushotel, vorher gab es hier nur einen Handelsposten mit knapp 700 Einwohnern. Dann wurde der Phosphattagebau intensiviert, wodurch sich die Landschaft ringsherum in eine Kraterlandschaft verwandelte. Die Bevölkerung wuchs jährlich um 45 000 Einwohner, und es gab noch einige bedeutende Männer, die das Stadtbild prägten, von denen wir hier berichten wollen.

Die feinsten Havanna-Zigarren kommen nicht aus Havanna, sondern aus Tampa.

Im Kuba-Krieg von 1898 wurde die Tampa Bay zum Invasionssprungbrett für die Soldaten. Zuvor hatte *Vincente Martinez Ybor* hier im Jahre 1886 die erste Zigarrenfabrik gegründet, indem er seine Zigarrenfabrik von Key West nach hierher verlegte. Aus Kuba strömten neue Arbeitskräfte nach Florida, sie bildeten den Grundstock für die hispanische Bevölkerung Tampas. Bald folgten weitere 300 kubanische Unternehmer, und um 1920 war *Ybor City*, wie man den Stadtteil von Tampa nannte, ein sehr rühriger Flecken und wurde bald weltbekannt für seine ausgezeichneten Zigarren. *Cuesta* oder *Ignacio Haya* sind Namen, die den Zigarrenrauchern bekannt sind. 400 Millionen Zigarren wurden hier alljährlich gedreht, von Hand natürlich, und 30 000 Menschen hatten ihr Einkommen aus der Zigarrendreherei. Bis dann die Automatisierung der Zigarrenrollerei die vielen flinken Hände überflüssig machte. Ybor City verfiel, es wurde eine Slum-Gegend, in die sich niemand gern verirrte. Erst in den letzten Jahren versucht man, die Vergangenheit hier wieder lebendig werden zu lassen. Die alte Fabrik von Ybor wurde restauriert, in dem riesigen roten Backsteinbau gibt es viele kleine Läden, Boutiquen und Restaurants und auch einen Zigarrenladen, in dem noch

Tampa und St. Petersburg

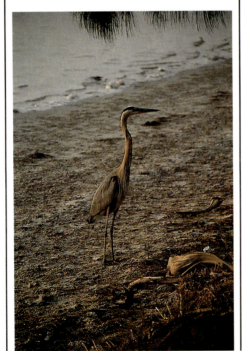

Eine Freude fürs Auge: die Flamingos in Busch Gardens

In den Everglades leben über 300 Vogelarten

Das „Festhaus" in Busch Gardens mit Oktoberfest und deutscher Umtata-Musik

heute die Zigarren von Hand gedreht werden.

Dabei ist Tampa heute immer noch die „Zigarrenhauptstadt" der USA: 3 Millionen Zigarren sind es jetzt, die hier täglich gerollt werden, allerdings von hochmodernen Maschinen.

Die alte Fabrik liegt an der Ecke 14th Street und 8th Avenue, die Hauptstraße des Viertels ist die 7th Avenue, hier gibt es Backsteinhäuser mit schmiedeeisernen Balkonen und Palmen auf den Straßen. Im Silver Ring Cafe soll es die besten kubanischen Sandwiches geben, und das Columbia Restaurant in der 22th Street pflegt die spanische Atmosphäre, es gibt eine Flamenco Show, typische spanische Gerichte und ein populäres Jazzlokal „Cafe and Warehouse". Man sieht der Gegend aber ihre Slum-Vergangenheit noch immer an: viele Schaufenster sind vernagelt, es ist recht verwahrlost, und die an allen Ekken herumlungernden Stadtstreicher machen Ybor City noch nicht unbedingt zu einer Touristenattraktion. Ybor City lohnt sich eigentlich für einen Besuch nur zu der „Back to Ybor City"-Feier im Oktober, zur „Latin American Fiesta" im März oder zur „Knights of Sant'Yago"- Parade im Februar.

Nach Ybor City kommen wir von Cypress Gardens auf der I-4 über die Abfahrt „Ybor City", dann nach Süden auf der 21.Straße, dann rechts ab auf die 10. Straße und dann links in die 14th Street.

*

Noch eine andere Familie hat sich in Tampa einen Namen gemacht: die Busch's.

Am Busch Boulevard haben die Hersteller des ach so köstlichen (amerika-

Tampa und St. Petersburg

nischen) Budweiser Biers einen 120 Hektar großen Vergnügungspark rund um ihre Brauerei angelegt. *Busch Gardens* ist heute in Florida der zweitgrößte Vergnügungspark.

„The Dark Continent – Der Schwarze Kontinent" wird der Park genannt, denn es gibt dort über 3000 afrikanische Tiere in Großwildgehegen, Tropengärten, Flamingos und ein marokkanisches Dorf.

Marocco, Nairobi, Crown Colony, Serengeti Plain, Timbuktu, Congo, Stanleyville und Bird Gardens heißen die einzelnen Sektionen des Parks. Und was gar nicht paßt: das „Festhaus" mit Oktoberfest und bayrischer Musik das ganze Jahr hindurch. Die Brauerei kann man besichtigen – es gibt Freibier. Man muß die 120 ha nicht zu Fuß ablaufen, es gibt drei Transportsysteme im Park, mit denen wir uns bequem einen schönen Überblick verschaffen können. Gleich hinter dem Haupteingang ist rechts die Station der Monorail, die durch den rechten Teil fährt, das ist mehr der Tierpark. Auch die Station der Drahtseilbahn ist dort, sie führt in den nördlichen Teil des Parks. Einige Meter hinter dieser Station, ebenfalls rechts, ist die Nairobi Train Station, die Haltestelle der alten Eisenbahn, die uns ganz um das Gelände fährt. Flamingo Island im Birds Garden hat mir am besten gefallen.

Busch Gardens ist geöffnet täglich von 9:30 bis 18:00 Uhr, Eintritt 26 $, Parken 3 $, weitere Informationen über **(813)971-8282**.

Busch Gardens erreichen wir von Ybor City aus, indem wir zurückfahren auf die I-4 West bis zur I-275 Nord, dort nehmen wir den Exit 33 „Busch Blvd.", das ist die SR 587 East. Da der Parkplatz an der linken Straßenseite ist, müssen wir uns auf der dreispurigen Straße gleich ganz links einordnen.

Für die Freunde des hüllenlosen Daseins wieder ein kleiner Hinweis: Nördlich von Tampa finden Sie eines der ältesten und größten FKK Gelände der USA. Es liegt in Lutz am *Lake Comp*, 11 Meilen nördlich vom Stadtzentrum an der US 41.

*

Drei Brücken verbinden Tampa mit St. Petersburg, an der anderen Seite der Tampa Bay. Die 5 km lange Howard Franklin Bridge ist Teil der I-275 und wird deshalb am häufigsten benutzt. Man sollte sie nicht mit leerem Tank in Angriff nehmen, denn von dem letzten Exit auf der einen Seite bis zum ersten Exit auf der anderen Seite sind es 11.2 km und es gibt keine Standspur. Die Gandy Bridge der US 92 etwas weiter südlich ist nicht ganz so stark befahren, und über den Courtney Campbell Causeway SR 60 im Norden kommt man am schnellsten von Tampa nach Clearwater.

St. Petersburg ist mit 237 000 Einwohnern eine der größten Städte Floridas. Es nimmt fast die ganze Osthälfte der Halbinsel Pinellas ein. 1885 ließ ein russischer Emigrant eine Eisenbahnlinie in die kleine Siedlung legen, die es hier gab, und er nannte den Ort nach seiner Heimatstadt in Russland. Die Eisenbahnlinie ließ St. Petersburg schnell wachsen, und die herrlichen vorgelagerten Sandstrände machten den Ort bald zu einem großen Touristenzentrum an der Westküste Floridas.

Es gibt eine schöne Hafenpromenade mit dem weit ins Meer gebauten Pier, an dessen Ende ein Gebäude mit der

Tampa und St. Petersburg

Am Strand von Sanibel Island

Form einer umgestülpten Pyramide steht. Dort gibt es ein Restaurant und eine Aussichtsplattform, von der aus man einen schönen Blick auf den Hafen und die vielen Segelboote hat.

Wir kommen von Tampa aus in die Stadt auf der I-275 über die lange Howard Franklin Bridge. An der 22nd Ave., das ist der Exit 12, verlassen wir den Highway und nehmen die 22 West bis zur 4th Street. Wir biegen rechts ein in die 4.Straße und kommen nach wenigen Metern an der linken Straßenseite zu einem relativ kleinen Parkplatz, der aber zu einem der Kleinode Floridas gehört: *Sunken Gardens* – die Versunkenen Gärten von St. Petersburg.

Mehr als 5000 verschiedene Pflanzenarten sowohl aus Florida als auch aus anderen tropischen Ländern sind hier vertreten: Palmen, Orchideen, Azaleen, Kamelien und Gardenien und der seltene *Sausage Tree*, der Leberwurstbaum. Der Garten ist klein, nur 2 ha, aber wunderschön angelegt mit romantischen Wegen und dunklen Gewässern, dazu Flamingos, Affen, Papageien und ein weißer Pfau. Der Eingang ist geschickt gemacht: Man muß sich zunächst durch „der Welt größten Souvenierladen" hindurcharbeiten, bis man dann durch eine zweite Pforte in die tropischen Gärten gelangt.

Geöffnet ist täglich von 9:00 bis 17:30 Uhr, Eintritt 7 Dollar, Parkplatz ist vorhanden. Sunken Gardens, 1825–4th St. North St. Petersburg, FL 33714 **(813)896-3186**.

Ganz im Norden von St. Petersburg wird's griechisch: in *Tarpon Springs* an der US 19 kommen wir in ein original griechisches Dorf. Weißgetünchte Häuser, bunte Läden, Knoblauchdüfte und eine griechisch-orthodoxe Kirche sind die Heimat der griechischen *Schwammfischer*.

Anfang dieses Jahrhunderts entdeckte der Grieche John Corcoris die Naturschwammvorkommen an der Küste von

Tampa und St. Petersburg

Tarpon Springs. Er holte seine beiden Brüder aus Griechenland und mehrere Freunde von den ägäischen Inseln nach Florida, um die Schwammvorkommen zu ernten. Sie fuhren mit ihren Booten hinaus und sammelten die Schwämme mit langen Stangen vom Meeresboden auf. Bald drangen sie in tiefere Gewässer vor und mußten lange nach der Beute tauchen. Das Geschäft blühte aber, und Tarpon Springs wurde bald die „Hauptstadt der Schwämme". Mehrere tausend Griechen entwickelten die Schwammfischerei zu einem Millionengeschäft und machten den kleinen Ort zu einer griechischen Enklave. Im Jahre 1940 hat dann eine Seuche fast 90% der Schwämme getötet. Außerdem wurden die Kunststoffschwämme so gut und so billig, daß die beschwerliche Taucherei nach den Naturschwämmen nicht mehr für den Lebensunterhalt reichte. Die Schwammfischerei ebbte stark ab, die Griechen jedoch blieben und leben heute vom Tourismus. Am historischen Schwammtaucherpier *Dodecanese Boulevard* treffen sich die Touristen, hier legen die Garnelenfischer an, und hin und wieder auch ein mit Schwämmen vollbeladenes Boot eines Schwammfischers. Wer den Tauchern bei ihrer gefährlichen Arbeit zusehen möchte, kann an einer halbstündigen Bootsfahrt teilnehmen, das kostet vier Dollar. In den Souvenierläden am Hafen kann man sie dann kaufen, die Schwämme, und auch alles über sie erfahren: Eine *Spongerama* Ausstellung ist den Schwämmen und der Schwammfischerei gewidmet. Es gab hier auch eine Schwammbörse, die *Sponge Exchange*, doch das alte Gebäude von 1907 wurde kürzlich abgebrochen.

Die Keys sind ein Eldorado für Segler, Taucher und Sportfischer

Der Rosa Elephant von St. Petersburg – das Don CeSar Hotel, direkt am Strand

Weit ist der Strand und warm ist das Wasser von St. Petersburg Beach

In den vielen kleinen Hafenkneipen und Restaurants kann man gut speisen, griechisch, versteht sich. In *Luis Pappa's Riverside Restaurant* gibt es hervorragenden griechischen Salat, schmackhafte Fischgerichte und griechische Speisen.

Die 20 000 Einwohner leben heute nur noch zu einem kleinen Bruchteil von der Schwammfischerei. Das Tauchen ist gefährlich und mühsam, und der Gewinn ist minimal. Die meisten leben vom Tourismus und vom Bootsbau, es gibt hier einige kleine Werften, die sich auf Yachten spezialisiert haben.

An der Pinellas Avenue sollten wir die griechisch-orthodoxe *St. Nicolas Cathedral* besichtigen, sie wurde erst 1943 errichtet, ihre Wände sind aber mit herrlichen Ikonen verziert.

Zu den Schwammfischern kommen wir von Sunken Gardens aus auf der US 19 Nord bis zur Verkehrsampel an der Tarpon Avenue. Dort biegen wir links ab und folgen den Wegweisern „Sponge Docks".

*

Den Rest des Tages verbringen wir an den berühmten schneeweißen Stränden von Clearwater und St. Petersburg. Zurück nach Süden sollten Sie die Küstenstraße nehmen, das ist die 19 ALT. Wir kommen so durch Palm Harbor und Dunedin nach Clearwater und über den Memorial Causeway Rt 60 rechts ab nach *Clearwater Beach*. Auf der Insel verzweigt sich die Straße: zwei Spuren links, eine rechts und eine geradeaus. Eine gütige Eingebung läßt mich den Wagen auf die mittlere Spur steuern, und so landen wir genau auf dem großen Parkplatz von Clearwater Beach. Links am Straßenrand gibt es spezielle Parkplätze für RV's. Der breite, schneeweiße Strand ist inzwischen auch bei den deutschen Reiseunternehmen berühmt und erfreut sich großer Beliebtheit. Hier kann man faulenzen und entspannen oder auch an einer Hochseefischerei Tour teilnehmen. Die eigentliche Stadt Clearwater liegt gegenüber der Brücke auf dem Festland. Dort gibt es das ehemalige Hotel *Fort Harrison*, das jetzt der *Scientology Church* gehört, einer Sekte, die glaubt, von den Thetans abzustammen, einer kosmischen Rasse, die vor 40 Trillionen Jahren auf die Erde gekommen ist, nachdem ihr eigener Planet Helatrobus von den Kräften des Bösen zerstört worden ist. Na ja, aber es heißt, daß die Stadt doch einige Probleme mit den Nachfahren der Thetans haben soll.

Dem Festland bzw. der Halbinsel *Pinellas*, auf der St. Petersburg liegt, ist hier eine lange Kette von Inseln vorgelagert. All die herrlichen Strände liegen auf diesen Inseln. Die nördlichste in der Höhe von Palm Harbor, heißt *Honeymoon Island*, die südlichste heißt *Muller Key*. Von Clearwater Beach ab sind diese Inseln alle miteinander durch Brücken verbunden, so daß wir von hier aus bis runter nach Muller Key über die Inseln fahren können. Das ist die Route 699 oder auch Gulf Blvd. Über diesen Gulf Blvd. fahren wir jetzt nach Süden, immer entlang der Golfküste und vorbei an schönen Stränden mit Namen wie Belleair Beach, Indian Rocks Beach, Madaira Beach und anderen, bis herunter zur *St. Petersburg Beach*. Da der ganze riesig lange Strand praktisch ein einziges Erholungsgebiet ist, merken Sie gar nicht, wann Sie St. Petersburg Beach erreicht haben. Nicht zu übersehen hingegen ist das Wahrzeichen von St. Petersburg Beach: das rosarote *Don CeSar Hotel* direkt am Strand, der Rosa Elefant von St. Petersburg.

*

Das war ein langer Tag, und am Morgen waren wir noch auf dem Campingplatz von Cypress Gardens.
Von Cypress Gardens nach Tampa ist es nicht weit, knapp 100 km über die SR 540, US 92 und dann die I-4.

Für die heutige Nacht schlagen wir unser Domizil auf im *Fort de Soto Park* auf der südlichsten der vorgelagerten Inseln. Dazu fahren wir vom rosaroten Elefanten aus südlich über die Mautbrücke und dann rechts ab Richtung Fort de Soto Park. Wir kommen durch ein ausgedehntes Villenviertel ohne jeden Hinweis auf einen Campingplatz. Doch nicht verzagen, er kommt und heißt De Soto Park Camping Area. Es ist ein sehr schöner Platz mit guten Sanitäranlagen, Telefon und einem ganz kleinen Laden.

Tampa und St. Petersburg

Tampa und St. Petersburg

Am Golf von Mexico
278 000 Einwohner (Tampa)
237 000 Einwohner (St. Petersburg)

Visitors Center	*Chamber of Commerce* *P. O. Box 1371* *401 3rd Ave. S.* *St. Petersburg, FL 33 731* **(813) 821–4069**
Camping	*Fort de Soto Park Campground* *Fort de Soto Park* *Tierra Verde, FL 33 715* **(813) 866–2662 15.40 $**
Motel	*Best Western North* *2595 54th Ave North* *St. Petersburg, FL 33 714* **(813) 522–3191 48.00 $**
Highlights	*Busch Gardens* *Sunken Gardens* *Tarpon Springs* *St. Petersburg Beach*
Distanz	*Cypress Gardens – St. Petersburg Beach* **153 km**

Fort Myers und Captiva Island

City of Palms – die Stadt der Palmen. Die Straßen von *Fort Myers* am Golf von Mexico sind von hohen, schlanken Palmen gesäumt und bieten einen traumhaft schönen Anblick. Dazwischen gibt es Hunderte von Bougainvillea-Büschen mit rosa, violetten und roten Blüten. Über 70 verschiedene Arten Palmen gibt es hier, und eine Vielzahl exotischer Blumen und tropischer Früchte. 1850 entstand diese Stadt aus einem Militärposten gegen die Seminole-Indianer, heute hat sie 44 000 Einwohner und zieht alljährlich viele Besucher an, die im Golf von Mexico baden. Die Hochsaison dauert von Februar bis April, in dieser Zeit kommen die Winterurlauber aus dem Norden, die *Snowbirds*, um sich hier in der warmen Sonne zu erquicken, während zu Hause die Straßen im Schnee versinken. Von Mai bis Weihnachten hingegen ist es an der Westküste ruhig, die Strände und Hotels sind absolut leer und die Preise erschwinglich. Miami lockt die Wintertouristen aus Europa, und vielleicht noch Fort Lauderdale, aber Fort Myers, wer kennt das schon. Dabei finden wir gerade dort um Weihnachten und im Januar und Februar ideales Ferienwetter: die Mittagstemperaturen liegen um 30 Grad, das Wasser hat etwa 25 Grad, es gibt herrliche Strände, die fast leer sind und stille Winkel, in denen man sich verkriechen kann, um wirklich Entspannung und Ruhe zu finden.

Der mächtige Banya Tree ist der größte Baum Floridas

Fort Myers und Captiva Island

Natürlich kann man auch hier Plätze finden, wo das ganze Jahr über „Action" ist: am Strand im Zentrum von Fort Myers Beach ist immer was los. Drachenfliegen, Jetskiing und viele junge Leute beherrschen hier das Bild. Fort Myers ist eine gepflegte Stadt, hat ein angenehmes Klima und eine Reihe vorgelagerter Inseln, die sich zu einem wahren Ferien- und Badeparadies entwickelt haben: *Estero Island* mit dem Seebad *Fort Myers Beach, Sansibel Island* und *Captiva Island*. Die Stadt am Südufer des *Caloosahatchee River* liebt offensichtlich Königspalmen und Hibiskusbüsche, Leberwurst- und Banyan Bäume.

*

Hier hat der große Erfinder *Thomas A. Edison* sein Winterheim eingerichtet, das man am McGregor Blvd. besichtigen kann. Mit 38 Jahren verwitwet, leidend und erschöpft, aber doch voller Ideen und Tatendrang, war er 1885 von Ohio aufgebrochen um sich in Florida eine zweite Heimat zu suchen. In Fort Myers fand er sie, und am McGregor Blvd. baute er ein großes Haus mit Laboratorium und einem botanischen Garten, denn er war auch ein begeisterter Botaniker, und exotische Bäume und Pflanzen faszinierten ihn genauso wie die physikalischen Experimente. 50000 solcher Experimente machte er, dann war die Glühbirne erfunden. Die Stadträte von Fort Myers lehnten sein Angebot, die Straßen der Stadt kostenlos mit elektrischem Licht zu versorgen, ab, denn sie fürchteten, daß die Kühe dann keinen Schlaf mehr finden würden. Über 2000 Patente besaß Edison. Neben der Glühbirne entwickelte er das Grammophon, das Telephon und den Telegraf, und zusammen mit Mr. Eastman entwickelte er den Kinematographen und Kinoleuchten.

Thomas Alva Edison wurde am 11. Februar 1847 in Milan im Staate Ohio geboren. Er war Physiker, Tüftler und Erfinder, dabei aber auch Geschäftsmann und eine Art „Old Time Manager". So erfand er z.B. nicht nur die Glühbirne, sondern auch gleich einen Generator dazu, so daß man dieses neue Ding auch wirklich benutzen konnte. Und verkauft hat er's dann auch noch. Anders als andere Tüftler verstand er es glänzend, seine Erfindungen zu kommerzialisieren, und seine Genialität war so groß, daß er z.B. auch der erste Fertighaus-Konstrukteur – und natürlich auch Fabrikant und Lieferant – war. In seinem Heim in Florida baute er im Jahre 1900 den ersten Swimmingpool, er züchtete exotische Pflanzen und Bäume und war der Gründer der modernen Kunstgummi-Industrie.

Zu seinen hervorragenden Erfindungen gehörten das Mikrophon (1876), der Phonograph (1877), die Kohlefaden-Glühlampe (1879), das Schraubgewinde der Glühlampe, das noch heute unter dem Namen „Edison-Fassung" in allen normalen Haushaltsglühbirnen verwendet wird. 1881 baute er den ersten elektrischen Generator und 1882 gleich ein ganzes Elektrizitätswerk für die Speisung von mehr als 1000 Glühlampen. 1904 folgte die Erfindung des Nickel-Eisen-Akkumulators (NiFe-Akku), und 1907 erfand er das Betongußverfahren. Er pflegte mehr als 20 Stunden täglich zu arbeiten und schlief zwischendurch nur kurz für jeweils 15 bis 20 Minuten. Dann war er regeneriert und bereit für neue Tüfteleien. Am 18. Oktober 1931 starb er im Alter von 84 Jahren in Orange, New Jersey.

Was gibt's denn da zu sehen?

„Sanibel Stoop" nennt man die gebückte Haltung der Muschelsucher auf Sanibel Island

Nach Fort Myers fahren wir von St. Petersburg aus auf der I-75 South wenn wir's eilig haben, das sind 192 km und dauert gut zweieinhalb Stunden, denn dies ist eine der wenigen Autobahnen der USA, wo man wenigstens streckenweise 65 Meilen in der Stunde fahren darf, das sind 105 Stundenkilometer. Oder wir nehmen die parallel dazu verlaufende US 41 South, das ist genauso weit, dauert aber erheblich länger, da wir durch etliche Ortschaften kommen. Die Tampa Bay überqueren wir auf jeden Fall über die *Sunshine Skyway Bridge* US 19/275 South, die uns in weitem Bogen hoch über das Wasser führt. Sie ist ganz neu, 1980 wurde sie gebaut, nachdem die alte Brücke nichts mehr taugte. Und typisch amerikanisch, hat man die neue Brücke einfach neben die Reste der alten Brücke gebaut, die jetzt im Schatten des Super-Betondinges wohl so allmählich vergammeln soll.

18 km lang ist diese gewaltige Brücke, die Überquerung kostet einen Dollar, und nach weiteren 10 Kilometern müssen wir uns dann für die schnelle oder etwas langsamere Route entscheiden.

Auf der US 41 kommen wir nach 6 Meilen zunächst nach Bradenton, das wir aber getrost ohne Halt durchqueren können. 15 Meilen südlich hingegen kommen wir nach *Sarasota*, wo wir gleich am Ortseingang durchaus einen Stop einlegen können: Hier finden wir links der Straße einen sehr schönen Tropischen Garten, die *Sarasota Jungle Gardens*. Mehr als 5200 verschiedene Pflanzenarten führen uns in eine tropische Welt, in der sich Gänse, Schwäne und Affen frei bewegen können.

An der rechten Seite der Straße finden wir die *Ringling Museen*, das sind Erinnerungsstätten an die berühmten Zirkusbrüder Ringling. Wir finden hier das John and Mable Ringling Museum of Art, die Circus Galleries, das Asolo Theatre und Ca'd'Zan, das Wohnhaus der Ringling-Brüder.

Das *John and Mable Ringling Museum of Art* liegt in einem schönen Park mit vielen Nachbildungen weltbekannter Skulpturen, das Gebäude selbst ist im Stil der italienischen Renaissance erbaut und beinhaltet eine Gemäldesammlung mit Werken aus dem 14. bis 18. Jahrhundert. John Ringling war ein

In Fort Myers Beach gibt es einen wunderschönen Campingplatz

Fort Myers und Captiva Island

Liebhaber des Barock, seine hier ausgestellte Rubens-Sammlung ist weltberühmt, wir sehen aber auch Bilder von Rembrandt, Frans Hals und anderen.

Dem Museum angeschlossen ist das *Asolo Theatre*, das tatsächlich aus Asolo bei Venedig stammt. Es wurde dort 1798 erbaut und dann 1930 abmontiert, um 1949 hier in Sarasota wieder aufgestellt zu werden. Von Dezember bis Juli werden hier Konzerte, Opern und Schauspiele aufgeführt.

Die *Circus Galleries* zeigen die Geschichte des amerikanischen Zirkus und sind 1948 als Erinnerungsstätte an den berühmten Zirkusmann errichtet worden.

Ca'd'Zan schließlich liegt an der Sarasota Bay und ist die ehemalige Residenz der Ringlings. Wir sehen das Marmorschwimmbad, die große Orgel, und in der ehemaligen Garage die Zirkusgalerie mit restaurierten Zirkuswagen, alten Plakaten und Kostümen.

Geöffnet ist täglich von 10–18 Uhr, donnerstags bis 22 Uhr.

*

Der nächste größere Ort ist dann *Venice*, 27 km südlich von Sarasota. Dies ist heute der Winterstandort des *Ringling Brothers and Barnum & Bailes Circus*. Die von Kanälen durchzogene Stadt erinnert in der Tat an Venedig, und in der Nähe der Airport Avenue überwintern die Leute vom Zirkus. In den Wintermonaten kann man hier den Artisten bei der Arbeit zuschauen, hier studieren sie ihre Programme ein, mit denen sie dann auf Tournee durch ganz Amerika gehen. Hier gibt es auch die einzige Schule der Welt für Clowns, das *Ringling Clown College*. 60 junge Leute werden hier jährlich ausgebildet im Jonglieren, am Trapez und in Clownerie. Bewerber dafür gibt es genug, 5000 sollen es jährlich sein.

Dann geht es auf der US 41 durch bis *Fort Myers*. Auf der SR 867 fahren wir durch das Stadtzentrum hindurch immer dem Wegweiser „Edison Winter Home" folgend. Die Straße heißt *McGregor Boulevard*. Es ist eine schöne Straße, von Königspalmen gesäumt und deshalb auch Avenue of Palms genannt. 24 km ist sie lang, und sicher eine der schönsten Straßen Floridas. Den Fotografen sei allerdings gesagt, daß entlang der Straße nicht nur Königspalmen stehen, sondern auch dicke, klobige Holzmasten für die hier oberirdisch verlegte Stromversorgung!

In Downtown, direkt am Hafen, laden kleine Geschäfte zum Stöbern ein. Hier erinnert ein Denkmal an die Grundsteinlegung für das Fort im Jahre 1839. Wir fahren auf der wunderschönen Palmenallee weiter, durch gepflegte Wohnviertel, bis in der Mitte der Straße ein gelbes Schild in der Form einer Glühbirne uns auffordert, links abzubiegen auf den Parkplatz des *Edison Winter Home*. Der Parkplatz wird von einem riesigen Banyanbaum überschattet. Sein Durchmesser beträgt 120 Meter, und immer wieder schickt er neue Luftwurzeln zur Erde, ein Bretterweg führt uns durch das Labyrinth der Wurzeln und Stämme, dann melden wir uns in der Empfangsbude zu einer Führung an. Das Anwesen liegt direkt an der SR 867, die genaue Anschrift ist

Edison Winter Home
2350 McGregor Blvd
Fort Myers, FL 33901
(813)334-7419

Das Haus ist täglich geöffnet von 9 bis 16 Uhr, sonntags erst ab 12:30 Uhr. Der Eintritt ist 6 $, freien Parkplatz gibt es auf der gegenüberliegenden Straßenseite.

*

Auf der Führung durch das fünfeinhalb Hektar große Gelände sehen wir das Wohnhaus mit den eingerichteten Wohnräumen, das Laboratorium, eine riesige Sammlung von Glühbirnen, Phonographen, Kinoprojektoren und Kinolampen sowie tausend andere interessante Dinge. Im Botanischen Garten sehen wir den afrikanischen Wurstbaum, den riesigen *Banya Tree* und den Moreton Bay Fig Tree.

*

Am Nachmittag besuchen wir dann die vorgelagerten Inseln Captiva Island und Sanibel Island. Dazu fahren wir nach der Besichtigung des Edison Museums von dem Parkplatz heraus links auf die Hauptstraße, das ist dann wieder die 867 Süd, welche die schöne Eigenschaft hat, direkt auf die Inseln zu führen. Wir folgen also immer dieser Straße, es geht schnurgerade zu auf einen riesigen blauen Wasserturm auf weißem Stiel, dann geht's aber doch an ihm vorbei und hinter Punta Rassa auf die Insel *Sanibel*. Der Eintritt zu den Inseln ist 3 Dollar, gleich vorn rechts ist ein Besucherzentrum, wo wir Material über die Inseln bekommen. Wer länger auf der Insel bleiben möchte, sollte auf den Campingplatz gleich rechts hinter der nächsten Ampel gehen, er heißt „Periwinkle Trailer Park", 1119 Periwinkle Way, Sanibel Island, FL 33957 **(813)472-1433**, 20 $.
Und für unsere Leser, die ein festes Dach über dem Kopf bevorzugen, empfehlen wir das „Island Inn" am West Gulf Drive in Sanibel, FL 33957, **(813)472-1561**.

Die Inseln sind grün, haben wunderschöne Strände und keine Hochhäuser. Davor haben sich die Bewohner bewahrt durch strikte Bau- und Naturschutzgesetze. Dadurch ist der verträumte Charme dieser Inseln erhalten geblieben, ebenso die sauberen Strände und die Vogelwelt. Es gibt keinen Supermarkt und keine Autobahn, dafür kleine Tante-Emma-Läden und 30 Kilometer Radfahrweg (!). Die Straßen sind klein und verwinkelt, und es kann schon einmal vorkommen, daß man als Autofahrer anhalten muß, weil gerade ein Waschbär über die Straße trottet oder einige Vögel sich nicht beim Körnersammeln stören lassen wollen.
Und dann die Muscheln: Sanibel ist bekannt als Muschelparadies. Muschelsammler werden hier geradezu süchtig. Gebeugten Hauptes schreiten sie wie die Kapuzinermönche langsam über den Strand, immer Ausschau haltend nach der Jakobsmuschel, der Schneckenmuschel, der Venusmuschel oder einer anderen der hier vorkommenden 400 Arten. *Sanibel Stoop*, „Sanibel Bückling", nennen die Einheimischen diese gebückt daherschreitenden Muschelsucher. Der Tier- und Fotofreund findet zahlreiche Motive in dem nördlichen Teil der Insel, im *J. N. „Ding" Darling National Wildlife Refuge*. Alligatoren und Schildkröten können von einer Ringstraße, dem *Wildlife Drive* beobachtet und fotografiert werden.
Wir bekommen hier einen Vorgeschmack auf die Everglades, es gibt urwüchsiges Sumpfland mit Mangroven und Papayas, wilde Orchideen wuchern an den Bäumen, und die Krokodile aalen sich träge in der warmen Brühe.
Über den Blind Pass kommen wir dann weiter nach Norden, nach *Captiva Is-*

Fort Myers und Captiva Island

Fort Myers und Captiva Island

City of Palms – die Stadt der Palmen wird Ft. Myers auch genannt.

land. Hier ist die Vegetation noch dichter, und man wird an Hawaii und die Südsee erinnert. Hier findet man deshalb auch exklusive Hotels mit entsprechenden Preisen. Fast den ganzen Südteil der Insel nimmt die „South Seas Plantation" ein, ein vornehmer und nicht gerade billiger Club. So fahren wir denn langsam über die einzige Straße des Resorts, vorbei an weißen Villen, Tennis- und Golfplätzen und freuen uns, daß wir unser Hotel, wie die Schnecken, stets bei uns haben.
Sanibel- und Captiva Island – ein Kleinod für Ruhe und Entspannung.

Am späten Nachmittag verlassen wir die Insel wieder über die 867, die Brücke über die San Carlos Bay ist in dieser Richtung kostenlos, und wir nehmen dann die 865 Süd nach *Fort Myers Beach*. Hier ist die Ruhe zunächst vorbei, denn Fort Myers Beach ist ein Badeort mit allem Rummel der dazugehört, vom McDonald's und Burger King zum Super-Minigolf und all den glitzernden Reklameschildern. Aber gerade hier finden wir einen der bestgelegenen Campingplätze unserer Rundreise, den wir unbedingt empfehlen. An der rechten Seite der SR 867 Süd liegt er direkt am Meer. Das ist selten, und wir zahlen gern drei Dollar extra für den letzten freien Platz in der ersten Reihe unmittelbar am Strand. 35.97 Dollar haben wir für diese Übernachtung bezahlt (auf der anderen Seite der Straße wären wir mit 19 Dollar dabeigewesen), aber der Platz war wirklich wunderschön, der Sonnenuntergang am Meer bezaubernd, und das Baden im Golf von Mexico ist ja für uns auch nicht so ganz alltäglich.

Fort Myers

Palmenstadt am Golf von Mexico
192 km südlich von St. Petersburg
44 000 Einwohner

Visitors Center	Lee County Convention Bureau P.O. Box 2445 Fort Myers, FL 33902 **(813)335-2631**
Camping	Red Coconut RV Park 3001 Estero Blvd. Fort Myers Beach, FL 33931 **(813)765-0250 35.97 $**
Motel	Best Western R.E.Lee Motor Inn 6611 North US Hwy 41 Fort Myers, FL 33903 **(813)997-5511 70.00 $**
Highlights	Edison Winter Home Palmenstrände am Golf
Distanz	St. Petersburg – Fort Myers **192 km**

Durch die Everglades

Ganz im Süden der Vereinigten Staaten von Amerika, im südlichen Teil Floridas, gibt es ein 566 000 Hektar großes Naturschutzgebiet, das in seiner landschaftlichen Zusammensetzung einmalig in der Welt ist, die *Everglades*.
Endloses Marschland mit eingestreuten Baumgruppen, hohen Gräsern, Teichen und ausgedehnten Sümpfen bietet Tausenden tropischen Tieren und Pflanzen eine Heimat, die gekennzeichnet ist durch Ruhe und Einsamkeit, subtropisches Klima und endlose Mangrovenwälder.

Am Eingang zum Everglades National Park im Süden von Florida

Geprägt wird diese Landschaft durch einen nur fünfzehn Zentimeter tiefen aber 80 Kilometer breiten „Fluß", den „Grasfluß" oder *Pa-Hay-Okee*, wie er in der Sprache der Seminole Indianer heißt. Dieser „Fluß" sieht zwar aus wie ein riesiger Sumpf (Slough), auf seinem Weg von dem 200 km nördlich gelegenen *Okeechobee – See* bis in die Florida Bay jedoch hat er ein Gefälle von 4,6 Metern und muß damit durchaus als Fluß bezeichnet werden. Das Leben in den Everglades ist bestimmt durch diese *Sloughs* und das subtropische Klima. Die Sommer sind sehr heiß und schwül, und es gibt viele Moskitos. In dieser Zeit, von Mai bis Oktober, regnet es viel, bis zu 127 cm, und das Wildleben kann sich über das ganze Gebiet ausdehnen. Touristen gibt es wenig in dieser Zeit. Sie meiden die Hitze, die Schwüle und die Moskitos. Außerdem gibt es weniger Tiere zu sehen, da sie sich über die ganze, riesige Fläche des Parks verteilt haben. In den Wintermonaten von November bis April dagegen ist hier Hochsaison: Die Temperaturen sind erträglich, die Sonne scheint, es regnet nicht, die Moskitos sind verschwunden, und die Tiere ziehen sich auf die wenigen verbliebenen Wasserlöcher zurück und können deshalb besser beobachtet werden. Der „Fluß" ist in diesen Monaten fast ganz ausgetrocknet.

Das Wildleben der Everglades ist vollkommen abhängig von diesem Gleichgewicht zwischen Trocken- und Regenzeit. Bleibt der Regen aus oder greift der Mensch unvernünftigerweise in den Wasserhaushalt ein, so sind die Bewohner zum Sterben verurteilt. Dies ist ein großes Problem für den Nationalpark, denn die Entwicklung der Landwirtschaft ringsherum und der steigende Wasserbedarf der stetig anwachsenden Stadt Miami entziehen dem Boden ständig Grundwasser.

Durch die Everglades

Die *Everglades* sind der zweitgrößte Nationalpark der USA. Nur der *Yellowstone Park* ist mit 880 000 ha größer. Da dieses Gebiet unbewohnt und zum größten Teil auch vollkommen unzugänglich ist, hat sich hier ein ausgeprägtes und einmaliges Wildleben entwickelt. Wer sich für Botanik interessiert, findet hier verschiedene Farne, das Poisonwood ist eine giftige Efeuart, die Cabbage Palm ist Floridas Staatsbaum während die Sägepalme (Saw Palmetto) zu den häufigsten Palmen Floridas gehört. Spanish Stopper ist eine Myrte, aus der man früher ein Mittel gegen Durchfall herstellte, und an den Wasserkanälen finden wir überall Mangroven, Zypressen und Hammocks.

Die Everglades bestehen aus verschiedenen Biotopen, die völlig unterschiedliche Charaktere aufweisen. Sie dürfen sich diese einzelnen Vegetationszonen aber nicht als streng getrennte Regionen vorstellen, vielmehr gehen diese Zonen fließend ineinander über, so daß eine genaue Abgrenzung oftmals schwierig ist, zudem die Erscheinungsweise sehr von der Wassermenge und somit von Ihrer Reisezeit abhängig ist. Um Ihnen eine kleine Orientierungshilfe zu geben, sind die einzelnen Formen im Folgenden etwas erläutert.

Fresh Water Marl Prairie oder *Sawgrass Prairie*:

Dieser Teil der Everglades ist ganzjährig überflutet. Es handelt sich hierbei um große Flächen von Seegras, welche für das Auge relativ eintönig wirken. In dieser Seegraslandschaft befinden sich jedoch tiefere Wasserstellen, um die sich während der Trockenzeit (Winter) das Tierleben konzentriert. Diese Stellen bieten Ihnen fantastische Beobachtungsmöglichkeiten der Tierwelt, da Sie hier sehr dicht an die Tiere herankommen.

Pinelands (Pinienwälder):
Die Pinienwälder bilden eine überraschende Mischung aus mediterraner und tropischer Vegetation. Das Unterholz der hohen Pinien besteht aus Saw-Palmetto. Es ist schon ein erstaunlicher Anblick, wenn Sie Nadelhölzer und kleine Palmen in solcher Eintracht nebeneinander stehen sehen. Diese relativ lichten Pinienwälder liegen ganzjährig über der Wasserlinie, so daß es hier immer wieder zu Bränden kommt. Diese Brände sind jedoch nicht unbedingt unerwünscht, da sie das Überleben der Pinienwälder sichern. Durch das Feuer wird der üppige tropische Unterwuchs aus Harthölzern gelichtet. Sofern dieser Unterwuchs zu mächtig wird, nimmt er den jungen Pinientrieben das Licht zum Wachsen.

Cypress Forest (Zypressen Wälder):
Bei einem Trip durch die Everglades treffen Sie auf verschiedene Formen der selben Zypressenart.
Teilweise wachsen die Zypressen in kleinen flachen Mulden, wo sie kaum genügend Wasser und Nährstoffe finden. Diese Zypressen sind zumeist umgeben von Grasland. Während der Trockenzeit erinnert diese Landschaft sehr stark an die afrikanische Steppe. Im Gegensatz zu diesen nur 2 bis 3 Meter hohen „Zwergzypressen" finden Sie an wasserreichen Stellen, wo die Bäume genügend Nährstoffe vorfinden, bis zu 30 Meter hohe Zypressen.

Zum Teil erhalten die Zypressen durch

Dichte Mangrovenwälder, Zypressen und flache Gewässer bestimmen das Bild der Everglades

das sogenannte „spanish moss" ein altehrwürdiges Aussehen. Um den Namen dieser Epiphyte rankt sich dabei folgende romantische Geschichte:
Ein einsamer spanischer Conquistador begehrte einmal eine hübsche Häuptlingstochter zur Gefährtin. Leider stieß er bei der Auserwählten auf wenig Gegenliebe. Die hübsche Indianerin floh vor ihm in die Everglades und kletterte auf eine Zypresse. Der vollbärtige Spanier folgte ihr. In ihrer Not rettete sie sich durch einen kühnen Sprung ins Wasser. Bei dem Versuch ihr zu folgen verfing sich der Bart des Spaniers in den Ästen des Baumes und blieb als „spanish moss" zurück. Der Sage nach entkam die Schöne glücklich ihrem heißblütigen Verehrer.

Hammock:
Als Hammock bezeichnet man eine kleine Erhebung im Sumpf, eine Art Insel, die aus Hartholzgewächsen (z. B. Mahagoni und Lebenseichen) besteht. Betritt man den Hammock, so glaubt man sich unvermittelt in einen tropischen Feuchtwald versetzt. Flechten, Moose und Schmarotzer finden Schutz zwischen den Hölzern und bilden ihrerseits Unterschlupf für verschiedene Tiere, sodaß ein Hammock eine kleine, fruchtbare und lebhafte Oase innerhalb der Sümpfe darstellt. Der botanisch interessierte Besucher findet viele andere Pflanzen, die in ihrer Mannigfaltigkeit von dem flüchtigen Besucher zunächst gar nicht registriert werden.

Mangroven:
Die Mangrove z. B. ist ein eifriger Neulandgewinner. Der Samen geht auch im wasserbedeckten Boden auf, die Stelzenfüße der heranwachsenden Bäume

Durch die Everglades

bieten dem eigenen Laub Halt, es verfault und bildet nach und nach festen Boden unter den Bäumen.

Die Mangrove ist eine erstaunlich anpassungsfähige Pflanze. Sie finden die Mangrove nicht nur in Süßwassergebieten, sondern auch in Brack- und Salzwassergebieten. Die Mangrovenwäldchen bilden entlang der gesamten Südküste Floridas einen fließenden Übergang vom Festland ins offene Meer.

Nicht minder vielfältig als die Flora zeigt sich die Fauna der Everglades. Über 300 Vogelarten leben hier: Störche, Reiher und Falken, Krickenten, Wasserhühner und Milane, der weiße Ibis und natürlich *Pelikane*. Sieht man diese zu Hunderten, so ist der Schönling unter den Vögeln, der Flamingo, auch hier recht selten geworden. Viel zu viele fliegende Viecher gibt es aber von einer Sorte, die wir gar nicht lieben: *Moskitos*. In den heißen und feuchten Sommermonaten sind sie eine wahre Plage, und man sollte sich gleich am Visitor Center mit Mückenspray versorgen und auch im Park langärmlige Blusen tragen. Es gibt hier aber auch weniger lästige Tiere: Den hellgrauen Puma sieht man selten, Waschbären und

Pa-Hay-Okee – die endlosen Sümpfe der Everglades

Auf unserer Fotopirsch erwischen wir einen Alligator in Angriffsstellung – mit dem 300er Tele

In den Everglades leben über 300 Vogelarten

Opossums dagegen häufig. Schildkröten, Seeotter und Klapperschlangen gibt's, und das Manatee. Das *Manatee* ist eine bis fast vier Meter große Seekuh, die nur in den Everglades und den Golfbuchten zu Hause ist. Durch die scharfen Schiffsschrauben der Motorboote ist das träge Manatee extrem gefährdet und gilt als vom Aussterben bedroht.

Und dann gibt's natürlich Krokodile und Alligatoren. Beide kann man auf der Pirsch durch die Sümpfe antreffen und mit dem 300er Tele gut fotografieren. Dabei sind die *Krokodile* seltener. Sie haben eine schmale Schnauze, sind grau-grün bis oliv gefärbt, bevorzugen Salzwasser und sind mit der Aufzucht ihrer Kinderchen nicht so sorgfältig wie die *Alligatoren*. Diese unterscheiden sich von den Krokodilen durch ihre fast schwarze Färbung und die abgerundete Schnauze. Der Alligator bevorzugt Süßwasser und macht sich viel Mühe mit der Aufzucht des Nachwuchses. Das Weibchen kratzt zunächst mit der Schnauze eine Mulde in den Boden und baut dann aus abgestorbenen Pflanzenresten ein Nest, in das es mehrere Dutzend Eier legt. Die Eier werden durch die Wärme ausgebrütet, die sich aus den faulenden Pflanzenteilen entwickelt. Die Eltern behüten ihre Jungen sorgfältig und sind während dieser Zeit besonders gefährlich. In den Alligator-Brutlöchern sammeln sich später Farne und Baumsämlinge an, sie werden oft zu üppigen Pflanzeninseln. Deshalb wird der Alligator auch bezeichnet als der *Keeper of the Everglades*.

Während der Besucher in den Everglades einen beschaulichen und sehr erholsamen Tag mit Fotopirsch nach Alligatoren und seltenen Tieren verbringen kann, bereitet dieses Naturschutzgebiet den Landschaftsschützern und Klimaforschern große Probleme. Die Halbinsel Florida befand sich im Wandel der Jahrtausende mal über, mal unter dem Wasser, wodurch sich dicke Kalksteinschichten bildeten. Durch diese Kalksteinschicht fließt heute wie durch einen Schwamm das Wasser aus dem 200 km nördlich gelegenen Okeechobee See in den Golf von Mexico. Das Gefälle auf diesem langen Weg ist nur 4,6 Meter und der „Fluß" ist bis zu 80 km breit. An der Oberfläche trocknet er oft ganz aus, normal ist er nur wenige Zentimeter tief und deshalb mit Sumpfgras, Zypressen und Mangroven bewachsen. Dieses in der Welt einzigartige Wechselspiel zwischen Trockenheit, Sumpf und doch fließendem Wasser hat hier eine ganz besondere Fauna und Flora entwickelt, die durch äußere Einflüsse leicht aus dem Gleichgewicht gebracht werden kann. Mit der Besiedlung und Industrialisierung Floridas wurden nicht nur die *Seminole Indianer* verdrängt – wir haben einige von ihnen in ihren heutigen Reservaten kennengelernt – sondern auch weite Teile der nördlichen Sümpfe trockengelegt und für die Landwirtschaft nutzbar gemacht. Weite Gebiete wurden kanalisiert und eingedeicht. Ein großer Deich zwischen Miami und Tampa schnitt die Wasserzufuhr zu den Everglades ab. Das Land trocknete aus, die Niederschläge, die für die Landwirtschaft nötig waren, wurden geringer, und das Leben im südlichen Teil kam total durcheinander. Gerade noch rechtzeitig erkannte die Regierung dieses Problem und erklärte das Land Ende 1946 zum Nationalpark. *Nationalparks* sind besondere Landschaften, die vom amerikanischen Kongreß für den Zweck reserviert wurden, Attraktionen von staatlicher Bedeutung zu schützen und zu bewahren. Die „staatliche Bedeutung" liegt dabei in den Bereichen landschaftlich reizvoll, wissenschaftlich, historisch oder erholsam. Diese Landbesitze gehören allen Amerikanern und sind natürlich auch den Besuchern aus aller Welt zugängig. Die Wildnis des Everglades Nationalparks hat ihre eigene besondere Schönheit, egal wie die Wetterverhältnisse sind, die schnell von Sonnenschein am Morgen zu Regen am Nachmittag wechseln können. Wegen seines empfindlichen Ökosystems und seiner einmaligen umweltlichen Eigenschaften, ernannten die Vereinten Nationen 1976 diesen Park zu einem Biosphärenschutzgebiet und 1979 auch zu einem Weltvermächtnisgebiet. Das Ökosystem ist völlig vom Wasserzufluß abhängig, und lebensspendende Sommergewitter vervollständigen den natürlichen Zyklus. Anders als in vielen anderen Gebieten kann hier die Grenze zwischen Überleben und Tod mit Hilfe von wenigen Zentimetern Wasser gemessen werden. Inzwischen hat man damit begonnen, einige der Deiche wieder abzubauen, um den natürlichen, sehr sensiblen Kreislauf dieser Landschaft wieder in Gang zu setzen.

*

Da wir als „Fernfahrer" auch hier nicht beliebig viel Zeit haben – unser Rückreisetermin rückt in bedenkliche Nähe – erkunden wir diese interessante Landschaft am besten auf der Fahrstraße von Homestead nach Flamingo. Das ist die einzige Fahrstraße durch die Everglades, hat die Nummer 9336, ist gut geteert und von Homestead aus 79 km lang, als dead end street. Am „toten Ende" dieser Straße liegt *Flamingo*, ein kleiner Ort mit dem Zeltplatz Flamingo Campground **(303)247-6211**, 5 Dollar, dem *Flamingo Inn* **(303)253-2241**, 60 Dollar, einer Tankstelle mit Super Benzin zu super Preisen und einem Hafen, von dem aus man sehr schöne Fahrten durch die Mangrovendickichte machen kann. Wir empfehlen das normale Elektroboot (9.25 $, 2 Std.), da es keinen Krach macht, auch wenn das Luftschraubenboot wegen seiner Einmaligkeit zunächst verlockender erscheint. Spaß macht das auch, aber die Vögel und Alligatoren nehmen reißaus vor dem schrecklichen Lärm, und man darf sich nicht wundern, wenn man nur wenig Getier zu sehen bekommt.

Eigentlich wollte ich noch nicht von Flamingo berichten, wir müssen ja erst einmal hinkommen.
Der Abschied von dem wunderschön gelegenen Campingplatz direkt am Meer in Fort Myers Beach war uns etwas schwer gefallen, zu selten finden wir Plätze so schön am Meer gelegen, aber die Sehnsucht und die Neugierde haben uns weitergetrieben, weiter zu einem Highlight unserer Rundreise in

Durch die Everglades

die großen Sümpfe im Süden Floridas. Dazu sind wir von Fort Myers Beach aus auf dem schnellsten Weg zur Autobahn I-75 und diese bis zum bitteren Ende gen Süden gefahren. Man könnte auch hier wieder die parallel zur Autobahn laufende US 41 bis Naples nehmen, das macht aber wenig Sinn und verbraucht zu viel von unserer kostbaren Zeit.

In der Höhe von *Naples* biegt die Autobahn dann scharf links ab und führt als I-84 oder *Everglades Highway* direkt nach Osten und endet in Ft. Lauderdale. Wer's sehr eilig hat, kann diese Autobahn nehmen und dann ab Ft. Lauderdale auf der I-75/821 Süd bis Homestead fahren.

Schöner jedoch ist es, wenn Sie ab Naples doch auf der Landstraße US 41 fahren, über Ochopee in Richtung Miami, und dann kurz vor der Stadt auf die US 977 South abbiegen nach Homestead. Auf dieser Straße fahren wir bereits durch den nördlichen Teil der Everglades, vorbei an etlichen airboat Stationen und Indianerdörfern. Unsere Fotos von den airboats sind auch an dieser Straße entstanden. Der kurze Abstecher nach *Everglades City* lohnt eigentlich nur, wenn man von dort aus den Küstenstreifen erforschen will, etwa die *Ten Thousand Islands* oder den *Wildernes Waterway*. Buchungen und nähere Auskünfte gibt es bei der Ranger Station in Everglades City.

In *Homestead* gibt es genau an der Abzweigung der SR 9336 nach Flamingo rechts ein Visitor Center, bei dem wir Material über die Everglades und die Florida Keys bekommen. Schräg gegenüber, am East Palm Drive, liegt der Campingplatz „Southern Comfort RV Resort". Er sieht von außen nicht sehr einladend aus, ist aber ausgezeichnet, mit sauberem Schwimmbad, offener Bar und allen Einrichtungen, die wir benötigen. Hier machen wir für die Nacht eine Reservierung und fahren dann in den Park. 18 km sind es bis zum Haupteingang und das *Main Visitor Center*. Die Eintrittsgebühr für den Nationalpark von bescheidenen 5 Dollar pro Auto zahlen wir am Eingang. Die Everglades bilden für jeden Naturfreund ein einmaliges Erlebnis und dies zu einem Bruchteil der Eintrittspreise, die Sie für andere Attraktionen in Florida zu berappen haben.

Ganz langsam fahren wir jetzt die 61 km bis Flamingo, wobei wir links und rechts der Straße immer dann abbiegen, wenn ein Wegweiser auf eine Besonderheit hinweist. Es gibt wohl 19 oder 20 solche Stops, die schönsten sind jedoch *Royal Palm Area, Pa-Hay-Okee Overlook, Mahogany Hammock* und *West Lake*. Neben diesen Plätzen gibt es noch eine ganze Reihe kleiner Plätze, an denen es sich lohnt eine kleine Pause zu machen, sofern es die Zeit zuläßt. Die beliebteste und wahrscheinlich interessanteste Ecke der Everglades ist die *Royal Palm Area* gleich links hinter dem Haupteingang. Wir parken unser RV und machen Jagd auf Alligatoren. Sie kommen hierbei den Tieren sehr nahe. Sofern Sie einige schöne Aufnahmen nach Hause nehmen möchten, sollten Sie mindestens ein 300er Tele in Ihrem Gepäck haben. Auch sollte Ihre Zeit nicht zu knapp bemessen sein, denn nicht immer befinden sich Ihre „Objekte" in der gewünschten Photopose.

Der *Anhinga Trail* ist ein 800 Meter langer Wanderweg auf Holzstegen mitten durch den Sumpf, hier hat man gute

Im Propellerboot fahren wir durch die endlosen Sümpfe der Everglades

Chancen, Alligatoren zu sehen. Unsere Alligator Bilder sind hier, mit einiger Geduld, entstanden. Auch können Sie hier einige sehr schöne Vögel beobachten.
Pinelands liegt etwa 5 km hinter der Royal Palm Area nach rechts. Hier führt ein Rundweg durch lichten Pinienwald, dessen Unterholz aus Saw-Palmetto besteht. Sie sehen hier sehr schön die Auswirkungen von Bränden.
Pa-Hay-Okee Overlook liegt 9 km weiter im Park und rechts der Straße und führt zu einer Aussichtsplattform, von der aus man einen weiten Blick in die Gras- und Zypressenlandschaft hat.
Mahogany Hammock liegt ebenfalls rechts der Straße, 11 km weiter unten. Ein Brettersteg führt durch dichten Dschungel und vorbei an Hammocks, die durch Mahagoni Bäume gebildet wurden. Hier steht auch der größte Mahagonibaum der USA.
West Lake liegt schon kurz vor Flamingo an der linken Seite der Straße, 49 km vom Eingang. Ein 800 Meter langer Holzpfad windet sich hier durch einen dichten Mangrovenwald direkt am Ufer des Sees. Dieser *Mangrovenwald* gehört zu den größten der Welt. 12 km weiter sind wir in Flamingo.

Man sollte sich schon mindestens einen ganzen Tag Zeit nehmen um alles ausgiebig genießen zu können, besonders die Krokodiljagd mit der Kamera in der Royal Palm Area. Von Flamingo müssen wir auf derselben Straße wieder zurückfahren. Sofern man zügig fährt, erreicht man in etwa einer Stunde den Campingplatz am Parkeingang, wobei die Rückfahrt bei Sonnenuntergang ein sehr schöner Abschluß ist. Von hier aus starten wir morgen zu der letzten Etappe unserer Reise, nach *Key West*.

Durch die Everglades

Everglades

Sumpf- und Marschlandschaft im Süden Floridas
566 000 ha

Visitors Center	Everglades National Park P. O. Box 279 Homestead, FL 33030 (305) 247-6211
Camping	Southern Comfort RV Resort 345 E. Palm Drive Florida City, FL 33034 (305) 248-6909 15.54 $
Motel	Homestead Motor Inn 51 S. Homestead Blvd. (US 1) Homestead, FL 33030 (305) 245-1260 60.00 $
Highlights	Anhinga Trail Pa-Hay-Okee Overlook Mahogany Hammock Flamingo, Bootstour
Distanz	Fort Myers – Flamingo **298 km**

Am Ende der USA – Key West

Das Ende der USA ist dort, wo die US 1 endet – in Key West, 256 km südlich von Miami. Die US 1 wird auch als die Old Post Road bezeichnet. Sie beginnt in Maine und endet in Key West. Es ist keine Autobahn wie z.B. die I-95, sondern eine Landstraße, die mitten durch die Ortschaften geht. Ich selbst habe mehrere Jahre direkt an der US 1 gelebt, in Norwalk, Connecticut. Dort heißt sie Westport Avenue.

Diese US 1 also endet zwangsläufig in Key West, denn weiter südlich geht's nun wirklich nicht. Dabei quält sich die Straße auf den letzten 200 km schon über 42 Brücken, die dort von Insel zu Insel über das Meer gebaut wurden. *Overseas Highway* heißt die US 1 deshalb auf ihrem letzten Stück.

Am Ende der USA – Key West.

Das stimmt nicht ganz. Es muß heißen „Kontinental USA", denn die Inselwelt der Karibik liegt noch etwas südlicher, und ein Teil davon gehört ja auch zu den USA. Dieser letzte Teil der US 1, der Overseas Highway, bestimmt die beiden letzten Tage unserer Reise, denn eigentlich ist es gerade oder nur diese Straße, die die Fahrt zum südlichsten Zipfel der kontinentalen USA interessant und spannend macht. Zweihundert Kilometer auf einer schmalen Autostraße mitten durch das Meer, nur von Zeit zu Zeit durch eine kleine oder größere Insel unterbrochen. 42 Brücken verbinden eine lange Inselkette mit dem Festland. Der Highway trennt hier den Golf von Mexico vom Atlantik, und es ist ein eigenartiges Gefühl, wenn man zum linken Fenster des Autos herausschauend den Atlantik sieht und rechts heraus den Golf, und das über mehrere Stunden.

Die Florida Keys schwingen sich vom Festland aus wie eine Sichel 170 km lang ins Meer, wie Perlen, aufgereiht auf eine Schnur. Die „Schnur" gab es früher nicht, auch konnte man die Inseln früher beim besten Willen nicht als Perlen bezeichnen. Es waren Sumpfinseln, bewuchert mit Mangroven und bevölkert von Moskitos. Die Inselbewohner lebten vom „wrecking", d.h. von der Ausschlachtung gesunkener Schiffe. Heute leben sie vom Fischfang und Tourismus. Inzwischen nämlich ist die „Schnur" entstanden, eben der Overseas Highway, und damit sind auch die Inseln fast schlagartig zu Perlen geworden.

Dabei war die Straße gar nicht die erste Verbindung des Festlandes mit den Inseln: *Henry Flagler*, ein nicht ganz armer Amerikaner der Jahrhundertwende, besaß eine Eisenbahn. Eine richtige, versteht sich. Sie hieß „Florida East Coast Railway" und endete leider in Miami. Im Jahre 1904 beschloß deshalb Mr. Flagler, seine Eisenbahnlinie über Miami hinaus zu verlängern bis zu dem ehemaligen Piratennest und Truppenstützpunkt *Key West*, auf eine Länge von 181 km mit 42 Brücken. Ein wahnwitziges Unternehmen, aber Flagler ließ sich nicht beirren, startete mit dem Bau 1905, finanzierte alles selbst und brachte die erste Eisenbahn tatsächlich am 22. Januar 1912 bis Key West. Die Bahn verkehrte jedoch nur 23 Jahre, denn am 2. September 1935 fegte ein furchtbarer Hurrikan über die Inseln und zerstörte die Eisenbahn-

Palmen und weißer Sand an der Golfküste

strecke. Der Staat Florida kaufte die kläglichen Reste auf und errichtete auf den Brückenpfeilern im Jahr 1938 die Autostraße. Nachdem diese Straße den wachsenden Verkehr nicht mehr bewältigen konnte, wurde sie 1982 erneuert und verbreitert, wozu streckenweise neue Brücken neben die alten gebaut wurden. Ich kenne von meinen früheren Reisen noch die alte, sehr schmale Straße und war jetzt sehr froh, mit dem großen Wohnmobil auf einer guten und breiten Straße fahren zu können. Heute erreicht man Key West von Miami aus bei flotter Fahrt, d.h. nicht gerade an einem Wochenende, in gut drei Stunden.

Das ist die Geschichte des Overseas Highway US 1 – die Geschichte der Florida Keys.

Dabei haben die Keys nichts mit dem Schlüssel zu tun (key = Schlüssel). Es ist vielmehr die englische Form des spanischen Wortes Cayo, und das heißt „kleine Insel". Und viele kleine Inseln sind hier miteinander verbunden. Nach dem Bau der Eisenbahn begannen sich die Inseln touristisch zu entwickeln, und heute sind die Keys ein Eldorado für Sportfischer, Taucher und Bootfahrer.

*

Die Keys kann man nicht an einem Tag erleben. Wir teilen die Strecke deshalb auf, fahren am ersten Tag vom Southern Comfort RV Resort in Homestead bis zum *Sugarloaf Key* und gehen dort auf den KOA Platz, das ist am Mile Marker 20. „Mile Marker" sind Entfernungstäfelchen, die rechts am Fahrbahnrand stehen und die Entfernung in Meilen angeben von bzw. bis Key West.

Am Ende der USA – Key West

Die Florida Keys schwingen sich vom Festland aus wie eine Sichel 170 km lang ins Meer. Sie sind durch den Overseas Highway verbunden

Am Ende der USA – Key West

Der Campingplatz liegt also 20 Meilen vor Key West.
Auf dem Weg herunter bis Sugarloaf kommen wir zunächst auf den ersten und auch größten Cayo, *Key Largo*. Der größte Teil dieser Insel wird eingenommen durch den *John Pennekamp Coral Reef State Park*, ein entsprechendes Hinweisschild bedeutet uns, links abzubiegen. Nach wenigen hundert Metern sind wir auf dem Parkplatz und am Besucherzentrum. Von dort laufen die Boote aus zur Besichtigung des mächtigen Korallenriffs, das hier der Küste vorgelagert ist. Drei Stunden dauert die Fahrt, kostet 12 Dollar pro Person, Abfahrtszeiten sind um 9, 12 und 15 Uhr. Auch Schnorcheltouren werden angeboten, sie kosten 18 Dollar, Abfahrt zu denselben Zeiten wie zur Bootsfahrt. Das Schiff gleitet zunächst durch dichte Mangrovenwälder und erreicht dann nach etwa einer Stunde das Riff. Hier kann man im Unterdeck des Bootes die herrliche Unterwasserwelt durch den Glasboden des Schiffes beobachten. Viele Korallen und etwa 400 Arten bunter Fische gibt es hier, und wenn wir Glück haben, sehen wir auch einen Barracuda oder eine Seeschildkröte. Als Teilnehmer der Schnorchel-Tour ist man dem Leben unter Wasser natürlich noch näher, aber bitte, brechen Sie keine Korallen ab, das ist streng verboten. Wir können die Korallen, Muscheln und andere Souvenirs später im Andenkenladen kaufen.
Über einige kleine Keys kommen wir dann nach *Islamorada*, dort besuchen wir das *Theater of the Sea* am Mile Marker 84.5. **(305)664-2431.**
An einer schön gelegenen Lagune gibt es hier Meeresvorführungen, die Tour dauert 90 Minuten, kostet 10.25 Dollar, geöffnet ist von 9:30 bis 16:00 Uhr. Wir sehen u. a. eine sehr nette Delphin-Schau, eine Vorführung mit den Seehunden Sassy und Classy, wir sehen Baracudas und Haie, und man kann nach Voranmeldung mit den Delphinen schwimmen, *swim with the Dolphins* heißt dieses Programm. Der *bottomless boat ride* ist eine Fahrt über die Lagune auf einem Ponton ohne Boden, so daß man das Leben im glasklaren Wasser sehr schön beobachten kann.

Auf *Long Key* gibt es einen Badestrand, auf dem wir die lange Fahrt auf dem Overseas Highway unterbrechen und ein Sonnenbad nehmen können.
Weiter geht die Fahrt auf dem Overseas Highway, immer abwechselnd über Brücken, Dämme und Inseln. Die schönste der Brücken ist die *Seven Mile Bridge* zwischen Milemarker 47 und 39. Sie ist 11 km lang und hebt sich in einem weitgeschwungenen Bogen hoch in die Lüfte. Das Bild dieser Brücke finden wir in allen Werbeprospekten, und natürlich haben auch wir sie fotografiert. Die letzte Insel vor dieser Brücke ist *Vaca Key*, dort gibt es eine Stadt mit 7000 Einwohnern: *Marathon*. Hier gibt es drei Einkaufszentren, wo wir unseren Kühlschrank auffüllen können, dann starten wir zur Fahrt über die Sieben-Meilen-Brücke.
Diese wunderschöne Fahrt über den Golf zur Rechten und den Atlantik zur Linken endet dann bei *Ohio Key*, wo wir wieder Land unter die Räder bekommen. Die *Bahia Honda Keys* haben sehr schönen Sandstrand – und einen FKK Strand. Dann kommen wir zu der zweitgrößten Insel der Keys: *Big Pine Key*, der auf der Bay-Seite eine Vielzahl kleiner Inseln vorgelagert sind. Diese sind zusammengefaßt zum *National Key Deer Refuge*, einem großen

Am Ende der USA – Key West

Das Ernest Hemingway Haus in Key West

Rehgehege. Die Tiere hier werden nur 65 bis 75 cm hoch und 95 cm lang, sie sind sehr putzig, sollten aber bitte nicht gefüttert werden.

Über einige weitere Inseln kommen wir dann zum Sugarloaf Key, wo wir am Milemarker 20 den Eingang zum KOA Platz finden, auf dem wir heute übernachten.

Am nächsten Morgen fahren wir dann die letzten 30 km bis ganz herunter nach Key West.

*

Key West – Am Ende der USA – 256 km südlich von Miami.

Key West ist eine Kleinstadt zum Verlieben.

Gern hätten wir hier ein paar Tage Urlaub gemacht. Mit dem Trolley kann man aber auch hier in kurzer Zeit einen schönen Überblick gewinnen. Wir fahren deshalb die US 1 bis ganz ans Ende.

Sie stößt dort auf eine Querstraße, den Roosevelt Blvd. Den fahren wir rechts ein Stück herunter, dann sehen wir links alsbald die Station des *Old Town Trolley*, 1910 N. Roosevelt Blvd. **(305)296-6688**. Auf dem Hof können wir parken, die komplette Rundfahrt am Stück würde etwa 90 Minuten dauern und kostet 11 Dollar. Aber wir können an jeder beliebigen Haltestelle aussteigen und die Fahrt unterbrechen, um dann mit der nächsten oder übernächsten Bahn weiterzufahren. Auf diese Weise erkunden wir die ganze Stadt, denn es ist kein Vergnügen, mit dem Wohnmobil durch die engen Straßen der Innenstadt zu fahren.

Auf der Rundfahrt sehen und hören wir einiges über die Stadt. Sie hat sich vom *Mallory Square* aus entwickelt, das ist ein Platz auf der Westseite der Stadt, direkt am Golf. Rund um den Platz gibt es einige historische Häuser die, wie

Hautnah erleben die Kinder den Delphin im Theater of the Sea in Islamorada

viele andere Häuser der Stadt, heute sehr hübsch restauriert sind. *Conchs* nennt man diese typischen, weiß getünchten Holzhäuser von Key West, und die Bewohner sind stolz, wenn ihr Haus auf die Liste der Sehenswürdigkeiten der Stadt kommt. Die meisten dieser Häuser sind in Privatbesitz, und wer sich für diese Häuser interessiert, sollte einen ausgedehnten Spaziergang einplanen oder sich ein Fahrrad mieten, um diese herrliche Architektur zu genießen. Dabei ist nicht genau definiert, was ein Conch House wirklich ist. Es ist bestimmt weiß angestrichen, hat auf jeden Fall schöne Holzgeländer, weitläufige Veranden, Fensterläden und Dachluken als „Klimaanlage": im heißen Sommer werden alle Fenster und Türen geschlossen, nur die Klappe im Dach wird geöffnet. So entsteht, dem Gesetz der aufsteigenden Wärme folgend, eine Kaminwirkung, die die warme Luft zum Dach hinaus entschwinden läßt, ohne Energieverbrauch und umweltschädliches Kühlmittel.

Nach der Lektion über die Airconditioning vergangener Zeiten sehen wir einige Häuser von 1850 bis 1895: das *Waterfront House* und das *Harbour House*, beide am Mallory Square. Wir sehen weiter die alten Befestigungsanlagen, dazu gehören die *Martello Towers* und das rote Backstein Fort *Zachary Taylor*. Das *Oldest House* in der Duval Street No.322 steckt voller Antiquitäten, und am anderen Ende der Duval Street steht das *Southernmost House*, eine große und schön restaurierte Villa im Kolonialstil.
An drei Stellen verlassen wir den Trolley, um uns ein wenig näher umzuschauen:

In der Whitehead Street steht das *Hemingway Haus*. Ernest Hemingway Home and Museum, 907 Whitehead St., Key West, FL 33040 **(305) 294-1575**. 30 Jahre lebte *Ernest Hemingway* in Key West und schrieb hier u.a. seinen weltbekannten Roman „Wem die Stunde schlägt". Sein Wohn- und Arbeitshaus ist seit 1964 der Öf-

fentlichkeit zugängig, Haus und Garten können besichtigt werden, täglich von 9:00 bis 17:00 Uhr, Eintritt 5 Dollar. Hemingway erhielt 1954 den Nobelpreis, hatte an die 50 Katzen und den ersten Swimmingpool in Key West. Er starb 1961 im Alter von 62 Jahren.
Parallel zur Whitehead Street verläuft die *Duval Street*, der Ku'damm von Key West. Hier gibt es viele hübsche Läden, hier ist immer etwas los, und besonders am unteren Ende, am Hafen, herrscht reges Treiben. Man wundert sich, wo die vielen Menschen herkommen.
Irgendwo müssen wir unseren Hunger stillen. Dazu gibt es in der Stadt mehr als genügend Möglichkeiten. Es wäre aber eine Schande, hier ein Steak oder einen Klops zu essen. Auf dem Fischpier am Ende der Margarete Street liegt die *Half Shell Raw Bar*. Dort gibt es ständig frische Austern und anderes Meeresgetier, und man speist nach der Devise „Eat it raw – iß es roh". Wer hier, 90 Meilen vor Kuba, lieber die Köstlichkeiten von Kuba probieren möchte, geht ins *La Cacique* an der Duval Street. Dort gibt es *Picadillo*, ein Fleischgericht, schwarze Bohnensuppe und *café con leche*, den bekannten kubanischen Kaffee mit Milch. Auch Haifischsteak, *hot bollos*, das sind fleischgefüllte Kartoffelbälle und *Conch fritters* sind Spezialitäten, die man hier kosten sollte. Die Conch fritters sind übrigens keine fritierten Häuser sondern Triton Muscheln, die den gleichen Namen führen, wie die hübschen Häuser mit den geschnitzten Geländern.
Und dann begeben wir uns zum südlichsten Punkt der kontinentalen USA. *Southernmost Point* ist durch eine riesige bunte Boje gekennzeichnet und steht dort, wo die Whitehead Street auf die South Street stößt.

Southernmost Point – der südlichste Punkt der kontinentalen USA

Am Ende der USA – Key West

Am Abend sitzen wir vor unserem Wohnmobil und erfreuen uns an dem Sonnenuntergang. Ruhig liegt der Golf vor uns und ist von dem Goldgelb der untergehenden Sonne verzaubert. Langsam taucht der Feuerball der Sonne ins Meer, und unsere Gedanken gehen zurück an den Beginn der Reise. Wir haben viel gesehen und erlebt auf dieser Rundfahrt durch Florida. *Miami Beach* ist ein quirliger Badeort, der viele Touristen aus aller Welt anzieht und doch nie überfüllt ist. *Fort Lauderdale* hat uns fast noch besser gefallen. Hier ist alles mehr gediegen, nicht so hektisch, und nicht ganz so auf den europäischen Tourismus abgestimmt. Überwältigend sind die Eindrücke im *John F. Kennedy Space Center*, wo wir an der Raketenabschußrampe die Raumfahrt hautnah erleben. *Daytona Beach* ist für uns unfaßlich, ein Autokorso direkt am Strand, und unser Wohnmobil mit der Hinterachse fast im Atlantik! *St. Augustine* rühmt sich, die älteste Stadt der USA zu sein, und im Castillo de San Marcos erleben wir ein Stück amerikanischer Geschichte.
Wir haben gebadet im *Golf von Mexico* und im *Atlantik*, haben die Meermädchen in *Weeki Wachee* und die hübschen Southern Belles in *Cypress Gardens* bewundert, wir waren im EPCOT-Center und bei *Mickey Mouse* und seinen Freunden.

Es war eine schöne Reise, und etwas wehmütig denken wir an den morgigen Tag. Wir werden früh aufstehen, das Wohnmobil reinigen und die Koffer packen. Dann werden wir die 219 km zurückfahren nach Miami und das Wohnmobil zurückgeben. Das geht bei Go Vacations und Cruise America schnell und reibungslos.

Wir genießen den letzten Abend und den sagenhaften Sonnenuntergang von Key West. Die Sonne geht hier nicht einfach unter. Sunset wird gefeiert, zelebriert, und der letzte Sonnenstrahl wird mitunter mit lautem Beifall verabschiedet. Zuerst erscheint ein roter Streifen am Himmel, dann entzündet sich der ganze Horizont, und in einem Hauch von karibischer Romantik versinkt die Welt um uns herum in sanftes Rot, um dann unsere Gedanken einzufangen in ein dankbares Nachdenken über unser schönes Dasein.

Key West

Südlichste Stadt der kontinentalen USA
256 km südlich von Miami
25 000 Einwohner

Visitors Center	Key West Visitors Bureau P. O. Box 1147 Key West, FL 33041 (305)296-3811
Camping	KOA Sugarloaf Key Resort P. O. Box 469, MM 20 Summerland Key, FL 33042 (305)745-3549 31.46 $
Motel	Southmost Motel 1319 Duval Street Key West, FL 33041 (305)296-6577 80.00 $
Highlights	Fahrt über den Overseas Highway Theater of the Sea Key West mit Hemingway Haus und Southernmost Point
Distanz	Flamingo – Key West **291 km** Key West – Miami **219 km**

Reise-informationen

Die meisten Leute fliegen nach Amerika, einige fahren mit dem Schiff, keiner ist bisher gelaufen.

Günstige Flüge hängen ab von der Reisezeit, der Reisedauer, der Fluggesellschaft und der Leistungsfähigkeit Ihres Reisebüros. Entgegen vieler Meinungen ist meine persönliche Erfahrung, daß man mit den „Großen" besser fliegt als mit anderen. Wenn man die Wahl hat, sollte man schon mit LUFTHANSA, SWISS AIR, SINGAPORE AIRLINES, KLM oder SAS fliegen. Im Frühjahr 1992 zahlten wir für den Lufthansa-Flug Frankfurt – Miami und zurück 999,– DM pro Person.

Einreise

Für die Einreise in die USA besteht eine Befreiung von der Visumpflicht, wenn man mit einer Fluggesellschaft einreist, die sich dem Pilotprogramm zur Visumbefreiung angeschlossen hat, aber das sind fast alle Fluggesellschaften.
Zur Einreise benötigt man deshalb nur einen Reisepass, der noch mindestens 6 Monate gültig ist, ein gültiges Rückflug- oder weiterführendes Ticket und das rosa Formular I-94 W zur Befreiung von der Visumpflicht, das Sie im Flugzeug oder schon vorher bei Ihrem Reisebüro erhalten.
Die maximale Aufenthaltsdauer in den USA ist 3 Monate. Gearbeitet werden darf nicht, dazu benötigt man eine Arbeitserlaubnis, und die vergeben die Amerikaner nur sehr ungern.
Schon im Flugzeug füllt man ein beträchtliches Formular für die Einreise aus, die „Immigration Card", die dem Reisepaß beigelegt wird.

Zollbestimmungen

Mit dem Gepäck muß man auf jeden Fall durch den Zoll, wo in den meisten Fällen Gepäckkontrollen gemacht werden. Obst, Gemüse und Fleisch dürfen nicht eingeführt werden. Gegenstände für den persönlichen Gebrauch können zoll- und steuerfrei eingeführt werden. Zollfrei sind weiterhin 200 Zigaretten oder 50 Zigarren oder 1350 g Tabak, 1 Liter alkoholische Getränke und Geschenke bis 100 Dollar. Der „Immigration Officer" prüft die im Flieger ausgefüllten Formulare und stellt ein paar dumme Fragen. Man sollte sich auf etwa eine Stunde einstellen.

Zeitverschiebung

Wir sind um 13:45 Uhr in Frankfurt abgeflogen und waren am selben Tag um 18:00 in Miami!
Schuld ist die Zeitverschiebung von 6 Stunden zwischen Deutschland und der Ostküste der Vereinigten Staaten, das muß man unbedingt beachten. Auch wenn Sie mal nach USA telefonieren: Klingeln Sie Tante Minna nicht nachts um eins aus dem Bett im guten Glauben, es wäre dort ebenfalls 7 Uhr morgens, wie bei uns. Zur Westküste (Los Angeles) beträgt die Zeitdifferenz sogar 9 Stunden.
Die Stunden vor 12 Uhr mittags be-

Reise-informationen

zeichnet der Amerikaner in der Regel mit a.m., die Stunden zwischen 12 Uhr mittags und Mitternacht mit p.m., also „9 a.m." für morgens um neun und „9 p.m." für 21 Uhr.

Elektrische Spannung

Auch beim Anschluß des aus Deutschland mitgebrachten Haartrockners oder Bügeleisens kann's Überraschungen geben: Die elektrische Spannung in USA ist 110 Volt Wechselstrom, die man nur mit einem speziellen Stecker mit 2 flachen Schneiden aus der Steckdose entnehmen kann, oder mit 2 flachen und einem dicken runden Stift (Masse) bei Schutzkontakt-Steckdosen. Für beide Arten sollte man sich vorher entsprechende Adapter besorgen (Flugplatz!).

Kraftfahrzeuge

Die Mobilität im Lande erhalten Sie -abgesehen von öffentlichen Verkehrsmitteln- durch ein Auto. Dieses kann der aus Deutschland mitgebrachte *eigene Pkw* sein, ein in USA *gekaufter Pkw*, ein *gemieteter Pkw* (Mietwagen), oder ein **Wohnmobil.**
Eigener Pkw: Natürlich kann man sein eigenes Auto mitbringen. Ob's lohnt, ist fraglich, denn nach 12 Monaten muß es wieder zurück, oder auf amerikanische Verhältnisse umgerüstet, versteuert, versichert und angemeldet werden.
Pkw kaufen: Für 2000 Dollar bekommt man einen sehr schönen Gebrauchtwagen, mit dem man alle Touren bedenkenlos machen kann. Ich hatte auch einmal einen für 500 Dollar gekauft, der war aber schon altersschwach und

Wir genießen den letzten Abend unserer Reise. Spektakulär und farbenprächtig ist der Sonnenuntergang in Key West

unzuverlässig. Wenn man sich also entschließt ein eigenes Auto zu kaufen, so sollte man nicht das billigste Vehikel nehmen und auch nur zu etablierten Autofirmen gehen, da sich diese auch gegenüber Ausländern keine Betrügereien leisten können. Der Händler besorgt die Zulassung von einem Tag auf den nächsten, bis dahin ist Ihr Wagen aber um einiges teurer geworden. Zu dem vereinbarten Kaufpreis muß man folgende zusätzliche Kosten rechnen: Mehrwertsteuer 5 $\frac{3}{4}$%, Haftpflichtversicherung ca 415 $ pro Jahr oder ca 219 $ für 3 Monate, und das Nummernschild (Zulassung) für 60 Dollar. Beim Wiederverkauf nach Beendigung der Reise verliert man natürlich wieder Zeit und Geld. Trotzdem sollte man dieses Verfahren ins Auge fassen, natürlich nur bei längerem Aufenthalt. Wir haben für 10 Monate einen eigenen kleinen Datsun erworben, der uns treue Dienste leistete (den komfortablen, uralten und riesengroßen Amischlitten haben wir nach wenigen Wochen schnell wieder abgestoßen!).

Wer sich die Unannehmlichkeiten beim Kauf und Verkauf ersparen und trotzdem in USA sein eigenes Auto fahren möchte, kann bereits in Deutschland den Service des *Transatlantic Automobile Export Inc.* in Anspruch nehmen. Deutsche Vertretung in 4550 Bramsche, Rossinistraße 11 **(05461) 62060.** Diese Firma bietet Gebrauchtwagen an einschließlich Wohnmobilen, von 1000 bis 20000 Dollar. Alle Fahrzeuge sind geprüft und haben Garantie auf Motorblock, Getriebe und Achsen. Man übernimmt sie in New York oder Los Angeles fertig zugelassen und versichert und der Trick ist, daß die Firma schon beim Kauf den Rückkauf garantiert. Also nach Beendigung der Reise zurück zu „Transatlantik", Wagen abgeben und ab die Post. Das ist sehr bequem, man verliert keine kostbaren Urlaubstage und hat keinerlei Laufereien. Die Abschreibung für die ersten 12000 Meilen ist 1720 Dollar, für jede weitere Tausend Meilen verliert man 100,– Dollar.

Mietwagen. Auch die preiswerten Angebote lokaler Autovermieter sind nicht billig, man fährt aber ein neues Auto, kann es umtauschen wenn's kaputt geht und hat keinen Ärger mit Versicherungen oder beim Wiederverkauf. Unter 200 Dollar die Woche wird man aber sicher nichts bekommen.

Wohnmobil: Wohnmobile mietet man am besten schon in Deutschland an. DER und ADAC arbeiten mit den amerikanischen Vermietern „Go Vacations" und „Cruise America" zusammen, die uns mehrmals gut und pünktlich versorgt haben. Der neun Meter Wagen für 6 Personen kostet 200 DM pro Tag zuzüglich evt einer freiwilligen Zusatz-Haftpflichtversicherung gegen Beschädigungen am Fahrzeug. Diese beträgt je nach Umfang 8 bzw 12 $ pro Tag. Der Mietpreis wird in Deutschland bezahlt, inbegriffen ist der Transfer vom Flughafen zur Mietstation und zurück sowie die Lagerung der leeren Koffer in der Mietstation.

Motels

Das Reisen im Wohnmobil ist nicht billiger als im Miet-Pkw plus Hotelkosten, aber es macht Spaß.
Wer im normalen Pkw reist, sollte sich an die bekannten Motel-Ketten halten wie *Best Western* oder *Motel 6*. Diese

Reiseinformationen

Reise-informationen

sind relativ preiswert und im allgemeinen gut und sauber. Innerhalb der Hotelkette werden Reservierungen kostenlos vorgenommen. Ich habe im Anhang zu den einzelnen Reiseabschnitten stets ein annehmbares Hotel angegeben.

Essensgewohnheiten

Amerikanische Essensgewohnheiten unterscheiden sich von den deutschen: Nicht das Mittagessen ist die bedeutendste Mahlzeit des Tages, sondern das Abendessen (dinner). Zum Frühstück gibt's Fruchtsaft, Kaffee und Toast mit Marmelade, oder „Hashbrowns" (geröstete Kartoffelschnitzel), „Cereals" (Cornflakes, Haferflocken oder ähnliches), „Pancake" (Eierkuchen) mit Sirup sowie Eier mit Schinken oder Speck, also „Ham and Eggs". Man sollte wissen, wie die Zubereitung der Eier benannt wird: „Sunny side up" sind Spiegeleier, wie wir sie kennen, bei „Overeasy" oder „over" sind die Spiegeleier auf beiden Seiten gebraten. Und „Scrambled Eggs" sind Rühreier.

Das Mittagessen („Lunch" – zwischen 11 und 14 Uhr) ist eine Angelegenheit zwischen Tür und Angel: belegte Brötchen oder „Hamburger", Suppe oder Salat. Dazu große Mengen kaltes Wasser, oder auch Fruchtsaft oder Kaffee.

In den Restaurants der USA warten auch bessere Leute geduldig, bis ihnen die Empfangsdame oder der Lokalchef einen Platz anweist. Man ist sehr akkurat: Leute, die nicht zusammengehören, werden nie an einen Tisch gesetzt. Weshalb sich zuweilen – gerade vor feineren Restaurants – lange Schlangen bilden: jeder wartet geduldig, bis ein Platz frei wird. Bei der Bestellung sollte man dem Ober gleich sagen, wenn man getrennte Rechnungen wünscht, sonst geht alles auf eine Karte.

Das Abendessen („Dinner") ist die Hauptmahlzeit des Tages. Es besteht aus den auch bei uns üblichen Vor-, Haupt- und Zwischengerichten. Nur nimmt man es, weil man mittags wenig aß und nach den Cocktails endlich etwas in den Magen kriegen will, ziemlich früh ein: zwischen 17 und 20:30 Uhr. Die übliche Dinner-Zeit ist um sieben.

Wenn Sie sich auf den Standpunkt stellen: Ich bin nicht nach Amerika gefah-

In den USA gibt es unzählige Telefonzellen, meist offen oder einfach an der Hauswand montiert

ren, um vornehm und gut zu essen, ich möchte bloß nicht gern verhungern – dann mag dies zwar kulinarisch bedenklich sein, doch ökonomisch ist es sehr vernünftig. Denn feines Essen ist in Amerika nicht billig. Da sind wir natürlich im Wohnmobil fein raus: wir kochen uns was wir wollen und essen wann's uns paßt, und nur zu besonderen Anlässen gehen wir ins Restaurant. Dort erwartet man noch 15 Prozent Trinkgeld, welches man normalerweise beim Verlassen auf dem Tisch liegenläßt. Nur in Selbstbedienungsrestaurants hätte diese Sitte keinen Sinn; sie käme allein dem nächsten Gast zugute.

Sales Tax

Auch in den USA gibt es die „Mehrwertsteuer". Sie wird hier „Sales Tax" genannt und ist in den meisten Fällen in den ausgeschriebenen Preisen nicht enthalten. Wundern Sie sich also nicht, wenn die günstig erworbene Armbanduhr plötzlich um 7,5 % teurer ist. Im Zweifelsfalle sollten Sie deshalb fragen „tax included?"

Campingplätze

Die Amerikaner lieben mobile Ferien. Mit ihren Wohnwagen ziehen sie durch die Landschaft, von einem Campingplatz zum anderen. Aber man sieht auch junge Amerikaner, die mit Zelten unterwegs sind.
Alle Campingplätze in den USA sind auf Wohnmobile eingerichtet – meist mit Wasser- und Stromanschluß, zuweilen mit einer Feuerstelle für jeden Standplatz. „Full hook up" beinhaltet eine eigene Abwasserversorgung. Auch gewaltige Holztische mit Bänken findet man an vielen Stellplätzen vor. Und der enge Betrieb, der auf vielen europäischen Campingplätzen die Regel ist, würde den Amerikanern sehr unbequem vorkommen: dort sind die Stellplätze immer ausreichend groß.
Die meisten und schönsten Campingplätze liegen natürlich dort, wo die Touristen sind: in den Nationalparks, an Seen oder am Meer.
Die Campinggebühren sind auf öffentlichen Plätzen sehr niedrig, auf Privatplätzen zum Teil recht hoch. Die KOA-Plätze (Kampgrounds Of Amerika) sind sehr gepflegt, kosten allerdings ca 16 bis 20 Dollar pro Nacht und Fahrzeug.

Telegraf und Telefon

Telegraf und Telefon haben in Amerika nichts mit der Post zu tun; sie sind fest in privater Hand. Das macht keinen großen Unterschied – nur eben den, daß man zum Telefonieren nicht zum Postamt gehen kann.
Das amerikanische Telefonnetz ist hervorragend, nur das Wählen scheint auf den ersten Blick ein wenig verdreht. Und dabei vermißt man dann die persönliche Betreuung durch die Telefondame in den deutschen Postämtern.
Man sucht sich also eine Telefonzelle, von denen es in Amerika unzählige gibt, nimmt den Hörer ab, wartet bis das Freizeichen ertönt, wirft für ein Ortsgespräch 25 cent ein und wählt. Auch Ortsgespräche dürfen nur drei Minuten dauern. Wer länger sprechen will, muß nachzahlen. Mitten im Gespräch meldet sich ein Stimmchen und fordert auf, weitere fünf-, zehn- oder fünfundzwanzig cent (Quarter) einzuwerfen. Man tut deshalb gut daran, sich

Reiseinformationen

Reiseinformationen

vor einem Gespräch ausreichend mit diesen Münzen zu versorgen.
Auch Ferngespräche kann oder muß man aus der Telefonzelle führen. Man wählt die Null; die Vermittlung („Operator") meldet sich, und fast gleichzeitig gibt der Fernsprecher die eingeworfenen Münzen zurück. Gespräche mit dem Operator sind gebührenfrei. Jetzt wird sich die Telefonistin nach der Nummer erkundigen, die Sie anwählen wollen, nennt Ihnen daraufhin den Geldbetrag, den Sie einwerfen müssen, und fordert Sie zum Wählen auf („dial your number"). Bei längeren Gesprächen werden Sie auch hier zwischendurch zum Nachzahlen aufgefordert. Das kann eine ganze Menge Quarters verschlingen, besonders wenn man nach Übersee telefoniert, denn auch das geht aus der Telefonzelle. Das kostet fünf bis neun Doller für drei Minuten.
Der Wohnmobilfahrer hat kein eigenes Telefon und ist deshalb auf Telefonzellen angewiesen. Da Sie auf der Rundreise des öfteren telefonieren müssen, um Reservierungen auf Campingplätzen oder besonders schön gelegenen Restaurants zu machen, sollten Sie das Telefonieren gleich am ersten Tag üben. Für eine vierwöchige Rundreise lohnt sich auch eine Kreditkarte. Mit dieser kann man ohne Münzen telefonieren, man sollte sie vorher über das Reisebüro oder den ADAC besorgen. Mit der Kreditkarte kann man von jedem normalen Telefon aus telefonieren. Man wählt die Null, also den Operator, nennt diesem die Nummer der Kreditkarte und dann die anzurufende Nummer, und schon hat man den Teilnehmer in Deutschland an der Strippe.
Ohne Kreditkarte haben wir nach Deutschland behelfsweise von der Rezeption eines Hotels oder Motels telefoniert. Der freundliche Hotelangestellte wird auf ein Telefon deuten und sagen „help yourself". Und nun helfen Sie sich mal selbst: Folgende Nummern müssen gewählt werden: **8** (Amt) - **011** (International) - **49** (Deutschland) - **211** (für Düsseldorf, ohne Null!) - **Teilnehmer**.

Sehr einfach geht's mit der „Deutschland Direkt"-Schaltung, wenn der Teilnehmer in Deutschland bereit ist, die Kosten zu übernehmen (R-Gespräch). Dies ist besonders gut für junge Leute, die auf Vaters Kosten ein Lebenszeichen an die Eltern geben wollen.
Kostenlos erhalten Sie mit der Nummer 1-800-292-0049 die Vermittlung in Frankfurt an die Strippe und können dann – in deutscher Sprache – Ihre Teilnehmerwünsche in Deutschland kundtun.

Zahlungsmittel

Vielen Amerikanern ist die Kenntnis, daß es außer dem Dollar auch noch andere Währungen gibt, nicht sehr geläufig. So macht es zuweilen große Schwierigkeiten, deutsches Geld im Lande umzuwechseln. In den Hotels geht es gar nicht und selbst in den Banken, besonders in den kleinen Provinzbanken, hat man oft Pech. Nur die Wechselschalter der Flughäfen sind garantiert auf deutsches Geld eingestellt.
Am besten also tauscht man schon zu Hause. Es ist kein Problem und nicht verboten, beliebig viele Dollars nach Amerika einzuführen.
Noch praktischer ist es, mit *Kreditkarten* zu reisen.
In Amerika hat jedermann solche Kar-

Immer wieder fasziniert uns die tropische Vegetation

ten. Bei größeren Beträgen macht man sich als Barzahler fast verdächtig: Was ist das für ein Mensch, dem offensichtlich keiner mehr Kredit gibt? Mit der Kreditkarte kann man auch kleine Beträge begleichen oder an Tankstellen bezahlen. Am zweckmäßigsten ist die europäische „Eurocard", die dem amerikanischen „Master Card"- Unternehmen angeschlossen ist. Auch mit der „Visa" Karte kommt man überall zurecht. Nur „AMERICAN EXPRESS" hat Schwierigkeiten, besonders an der Westküste: Immer wieder mußte ich hören „Visa or Master Card only, sorry" Ich persönlich arbeite in Amerika nur mit Kreditkarten. Wer aber etwas gegen die Plastikkarten hat, ist mit Reiseschecks ebenfalls gut bedient. Banken, Hotels, Restaurants, Autoverleiher und Nachtklubbesitzer nehmen sie anstandslos an. Aber achten Sie darauf, daß Ihre Bank Ihnen Schecks in Dollarwährung besorgt. DM-Schecks sind in den USA so verdächtig wie Falschgeld.

Reisekosten

Da wir schon beim Geld sind, werden Sie jetzt fragen: „was kostet denn so eine Reise?"
Das hängt natürlich in erster Linie davon ab wie man's macht, was man macht und wie lange die Reise dauern soll oder darf.
Florida ist ein riesiges Bade- und Erholungsland, deshalb gilt hier: je länger desto besser!
Wir haben unsere Rundreise auf 21 Tage abgestimmt. Wer weniger Zeit hat, kann den Nordwesten auslassen oder muß notfalls noch an anderen Stellen kürzen. Wer mehr Zeit hat, kann alles

Reiseinformationen

gemächlicher machen und ausgiebige Badepausen einlegen.

Die Kosten für 21 Tage für 2 Erwachsene waren 1992:

- Zwei Flüge Frankfurt – Miami   1998,- DM
- Wohnmobil   3444,- DM
- Camping Gebühren (fast immer KOA-Plätze)   720,- DM
- Zusatzversicherung für Wohnmobil (optional)   284,- DM
- Benzin (1000 Liter für 3600 km)   564,- DM
- Verpflegung, Touren, Eintritt u.ä.   2290,- DM

   9300,- DM

Der Verbrauch liegt bei diesen Wohnmobilen bei 27.7 Litern pro 100 km, Benzin kostet um die 1.40 Dollar pro Gallone (ca 4 Liter).

Zur Kalkulierung der Gesamtkilometer Ihrer Reise sollten Sie bedenken, daß man in Wirklichkeit mehr fährt, als die Summe der Einzelstrecken, die sich aus den Entfernungsangaben im Atlas ergeben. Wenn Sie die Kilometer aus den Kästchen am Ende jedes Kapitels dieses Buches zusammenzählen, so kommen Sie auf 3095 km. Insgesamt werden Sie aber etwa 20% mehr fahren, also 3700 km.

Die Kosten pro Tag und zwei Personen einschließlich Wohnmobil aber ohne Flug sind erfahrungsgemäß etwa 320 DM. Wenn Sie also die Zeit haben, etwas länger zu bleiben oder noch einige Abstecher zu machen, sollten Sie pro Tag 320 DM extra rechnen.

Folgende Adressen in Deutschland und den USA könnten für Sie auf der Reise oder bei den Vorbereitungen nützlich sein:

Nützliche Adressen

ADAC Reise GmbH
Am Westpark 8
8000 München 70
(089) 76 76 21 46

American Automobil Association AAA
1000 AAA Drive
Heathrow, Florida 32746–5063
(407) 444–7000

AAA East Florida
4770 Biscayne Blvd.
Miami, FL
(305) 590–1710

Botschaft der USA
Deichmanns Aue 29
5300 Bonn 2
(0228) 33 92 053

Deutsches Generalkonsulat
(Außenstelle des GK Atlanta)
100 N. Biscayne Blvd.
Miami, FL
(305) 358–0290

Fremdenverkehrsamt der USA
Roßmarkt 10
6000 Frankfurt 1
(069) 29 52 11

Botschaft der Bundesrepublik Deutschland
4645 Reservoir Road NW
Washington D.C. 20007
(202) 298–4000

Register

Adventureland	90	Cable Estate	30
Aldrin, Edwin	45	Caloosahatchee River	112
Allandale	53	Campingausrüstung	21
Alligator	123	Campingplatz	16, 140
Alligator Point	76	Cape Canaveral	43
Almquist, Paula	96	Capitol	65
Altes Capitol	65	Captain EO	93
Anhinga Trail	126	Captiva Island	112
Apalachicola	70	Carlsbad Caverns	69
		Casa de Gallegos	61
		Casa de Gomez	61
		Castillo de San Marcos	57
		Cathedral of St. Augustine	60
		Cathedral Room	69
		Chiefland	77
Apalachicola Bay	76	Cinderella Castle	90
Apalachicola National Forest	66	Circus Galleries	116
Apollo	45	Circus World	95
Aquamaids	98	Citrus Tour	46
Armstrong, Neil	45	City Gates	60
Art Deco District	30	City Hall	61
Asolo Theatre	116	City of Palms	110
Autorennen	50	Clearwater Beach	108
Aviles Street	61	Cocoa	48
Bahia Honda Key	132	Coconut Grove	30
Bandshell	53	Collins Avenue	29
Banya-Baum	116	Collins, Michael	45
Barbecue	54	Conch House	134
Bayfront Park	30	Contemporary Resort Hotel	89
Benz, Karl	50	Coral Reef State Park	132
Best Holiday Trav-L-Park	100	Cornbread	54
Best Western	138	Courtney Campbell Causeway	104
Big Pine Key	132	Crescent Beach	56
Biscayne Bay	29	Cruise America	12
Blaue Tour	48	Cypress Cove Nudist Resort	100
Boardwalk & Baseball	90	Cypress Forest	120
Boca Raton	40	Cypress Gardens	96
Bohemian Section	30	Darling National Wildlife Refuge	117
Bottomless Boat	132	Daytona Beach	50
Braun, Wernher von	43	Daytona International Speedway	53
Breakers Hotel	41	Debus, Kurt	43
Bridge of Lions	61	De Hita/Gonzales House	61
Buccaneer Bay	87	Delray Beach	41
Busch Gardens	104	Dinner	140
Ca'd'Zan	116	Disney-MGM-Studios	89

Disney Village	95	Gebrauchtwagen	138	John Gorrie Memorial Bridge	76
Disney World	89	Geisterfahrzeug	92	Journey Into Imagination	93
Dodecanese Boulevard	107	Gerd Müllers Ambry	40	Jungle Cruise	90
Don CeSar Hotel	108	Glenn, John	45	Jungle Queen	36
Donald Duck	90	Goldene Küste	42	Junior Museum	65
Driftwood Inn	48	Golf von Mexico	70	Juno Beach	46
Duval Street	135	Golfstrom	70	Kaution	20
Edison Winter Home	116	Goofy	94	Kennedy Space Center	43
Einreise	137	Gottlieb Daimler	50	Key Biscane	34
Elektrische Spannung	138	Go Vacation	12	Key Largo	132
Enchanting Springs	84	Grasfluß	119	Key West	128
EPCOT Center	89	Gulf Island Internat. Seashore	70	Kissimmee	100
Essensgewohnheiten	140	Half Shell Raw Bar	135	Klein Havanna	30
Estero Island	112	Halifax River	54	Klima	73
Everglades	119	Hammock	121	KOA Plätze	16, 141
Everglades City	126	Hans Grüne	43	Kokosnüsse	42
Everglades Highway	126	Harbor Oaks	53	Konditorei	82
Fahrenheit	73	Harbour House	134	Kosten	144
Fairchield Gardens	33	Hauptstadt Floridas	63	Kreditkarten	142
Fantasyland	90	Havanna-Zigarren	101	Krokodil	124
Festhaus	102	Hemingway, Ernest	133, 134	Lagniappe	41
Firecracker Rennen	52	Hemingway Haus	133	Laika	43
FKK-Plätze	100, 104	Henry Bradley Plant	101	Lake Bradford	65
Flagler, Henry	128	Historic Old Capitol	65	Lake Comp	104
Flagler Beach	56	Historic St. Augustine	60	Lake Okeechobee	27
Flagler Collage	61	Historic Suwannee River	78	Lake Worth	41
Flamingo	125	Höhlen	66	Lantana	41
Flamingo Groves	40	Holiday Tarif	13	Las Olas	40
Florida	22	Hollywood	36	Lebende Höhlen	66
Florida Caverns	66	Homestead	126	Leberwurstbaum	105
Florida Dollar	41	Homosassa Cyprus Slew	82	Lighthouse Point Park	54
Florida Keys	128	Homosassa Springs	82	Lightner Museum	61
Folding Camper	17	Honeymoon Island	109	Lion Country Safari	42
Ford, Henry	50	Hot Bollos	135	Literatur	149
Fort De Soto Park	109	Hotel World	90	Living Sea	93
Fort Harrison Hotel	108	Howard Franklin Bridge	105	Long Beach Camp Inn	69
Fort Lauderdale	36	Hugh Taylor Birch SP	40	Long Key	132
Fort Myers	110	Hydrolator	93	Lummus Park	32
Fort Myers Beach	112	Immigration Card	137	Lunch	140
Fort Pierce	46	Indianer	36	Magic Eye Theater	93
Fort Sam Clements	92	Informationen	137	Magic Kingdom	89
Fresh Water Marl Prairie	120	Islamorada	132	Mahogany Hammock	126
Frontierland	92	Island of the Sky	98	Main Street USA	90
Gainsville	62	J. F. Kennedy Space Center	43	Malcolm Campbell	52
Gandy Bridge	104	Jacksonville	62	Mallory Square	133

Manatee	78	Ohio Key	132	Rednecks	73
Manatee Springs State Park	80	Okalee Village	36	Refuge	117
Mangroven	121	Old Town Trolley	133	Reiseinformationen	137
Marathon	132	Oldest Spanish House	61	Reisekosten	144
Marianna	66	Oldest Store	61	Reservate	57
Marineland of Florida	56	Orbiter	44	Restaurants	82
Martello Tower	134	Orchid Jungle	33	Rickenbacker Causeway	29
Matanzas Bay	61	Orlando	89	Ringling Clown College	116
McGregor Boulevard	112	Ormond Beach	54	Ringling Museum	116
McLarty State Museum	48	Overseas Highway	128	Rosa Elephant von St. Petersburg	109
Meerjungfrauen	84	Pa-Hay-Okee	119	Rote Tour	48
Melbourne	48	Pa-Hay-Okee Overlook	126	Royal Palm Area	126
Mermaids	84	Palm Beach	41	Royal Poinciana Hotel	41
Merritt Island	49	Palmenstrände	126	Salem	77
Mexico Beach	76	Panama City	70	Sanchez House	61
MGM Studios	89	Panama City Beach	70	Sanibel Island	112
Miami	29	Panhandle	62	Sanibel Stoop	117
Miami Seaquarium	34	Parrot Jungle	33	Sarasota	116
Miccosukee Indianer	58	Paßkontrolle	24	Sarasota Jungle Gardens	116
Mickey Mouse	88, 89	Pelikan	123	Saturn Rakete	44
Mickey's Birthdayland	92	Periwinkle Trailer Park	117	Sausage Tree	105
Mietwagen	139	Peter Pan	92	Saw Palmetto	120
Milemarker	132	Picadillo	135	Sawgrass Prairie	120
Miracle Mile	74	Pickup Camper	17	Scarlett O'Hara's Lounge	61
Miracle Strip	74	Pier 77	76	Schneewittchen	92
Mizner, Addison	40	Pine Island	87	Schwammfischer	107
Monkey Jungle	34	Pinelands	120	Scientology Church	108
Monorail	89	Pinellas Avenue	108	Sea World	90
Monte Carlo	52	Pinellas Halbinsel	109	Seafood	55
Moreton Bay Fig Tree	117	Pirates of the Caribbean	92	Seaquarium	34
Motel 6	119	Pkw	138	Seashore	70
Motorhome	16	Plant, Henry	28	Seekühe	78
Moultric Creek	37	Ponce de Leon	53	Seminole Indianer	27
Muller Key	109	Pope, Dick	97	Seminole Krieg	27
Muscheln	117	Porsche, Ferdinand	52	Sendler, Karl	43
NASA	43	Port Orange	53	Seven Mile Bridge	132
NASA Parkway	49	Port St. Joe	76	Shephard, Alan	45
Naples	126	Port St. Lucie	46	Shooting Gallery	92
National Key Deer Refuge	132	Poter's Wax Museum	61	Six Flags Atlantis	36
Nationalparks	125	Raketen	43	Slough	119
Neues Capitol	65	Rallye	51	Snowbirds	110
New Smyrna Beach	49	Raumfähre	46	Southern Belles	97
Nombre de Dios	61	Raumfahrt	43	Southern Crossroad	98
Ocean Drive	32	Raw Bars	76	Southernmost Point	135
Ocean World	40	Redneck Riviera	73	Space Lab	46

Space Shuttle	44	Thomas A. Edison	112	Zeitverschiebung	137
Spaceship Earth	92	Tom Sawyer Rafts	92	Zirkuswelt	116
Spanisches Viertel	60	Tomorrow's Harvest Tour	93	Zoll	137
Spanish Moss	120	Tomorrowland	89	Zoraya Castle	61
Speedway	53	Travel Trailer	17	Zwergzypressen	120
Sponge Docks	107	Treibstoffverbrauch	144	Zypressengarten	97
Sponge Exchange	107	Tropfsteinhöhlen	66		
Spongerama	107	Turnbull Ruins	53		
Sputnik	45	Tyndall Air Force Base	76		
St. Augustine	57	Universal Studio Tour	93		
St. Nicolas Cathedral	108	Universe of Energy	93		
St. Petersburg	104	Urlaubsplanung	8		
St. Petersburg Beach	109	Vaca Key	132		
Stalagmiten	68	Venice	116		
Stalaktiten	68	Venice of America	36		
Starke	62	Vermietstation	18		
Steamboat Willy	94	Vero Beach	48		
Stornogebühren	21	Versicherungen	20		
Straits of Florida	72	Virginia Key	34		
Sugar Mill Ruins	53	Volusia Avenue	54		
Sugarloaf Key	129	Wakulla Springs	65		
Summer Haven	56	Walt Disney Railroad	90		
Sunken Gardens	105	Walt Disney World	89		
Sunshine Skyway Bridge	113	Water Ski Revue	98		
Suwannee River	78	Waterfall Room	69		
Swiss Family Treehouse	92	Waterfront House	134		
Tallahassee	63	Wedding Room	69		
Tallahassee Junior Museum	65	Weeki Wachee	84		
Tallahassee RV Park	64	Weltraumbahnhof	43		
Tampa	101	West Lake	127		
Tampa Bay	104	Whistlestop USA	98		
Tampa Bay Hotel	101	Wildernes Waterway	126		
Tarpon Springs	105	Winter Home	116		
Te Anau	68	Wohnmobil	16		
Telefon	141	World Motion Center	92		
Telegraf	141	World Showcase Lagoon	92		
Temperatur	73	Worth Avenue	41		
Ten Thousand Islands	126	Wrecking	128		
The Ambry	40	Wundermeile	74		
The Casements	56	Wurstbaum	105		
The Cloister	40	Ybor City	102		
The Dark Continent	104	Ybor, Vincente Martinez	101		
The Living Sea	93	Yucatankanal	72		
The Strip	40	Yulee Sugar Mill Ruins	82		
Theater of the Sea	132	Zachary Taylor	134		

Literatur

Karl Teuschl: Florida, Vista Point Reisen, 1991
Manfred Obst: Florida, DuMont Verlag Köln, 1990
APA Guides: Florida, Nelles Verlag München, 1990
Thomas Jeier: Florida auf eigene Faust, Knaur Verlag München, 1985
POLYGLOTT: Florida, Polyglott Verlag München, 1990
AAA-TOURBOOK: Southeastern, AAA-Verlag Falls Church, 1991
Dreecken/Schneider: Die schönsten Sagen aus der Neuen Welt, Südwest Verlag München, 1972

Die neue Buchreihe für individuelle Reisefreiheit ...

Träume von einem erlebnisreichen Urlaub? Ohne jeden Zwang eine bestimmte Zeit einzuhalten? Im Winter durch verschneite Wälder in Kanada fahren oder den australischen Sommer im »Appartement auf Rädern« genießen – das Wohnmobil ist der ideale Partner und auf jede Witterung eingestellt!

Mit dieser neuen Reihe möchten wir helfen, Urlaubsträume zu realisieren und die herrlichsten Länder im Wohnmobil zu erleben.

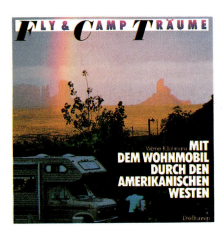

Werner K. Lahmann

Mit dem Wohnmobil durch den amerik. Westen

ISBN 3-7956-0203-3, DM 39,80

Werner K. Lahmann

Mit dem Wohnmobil von Boston nach Florida

ISBN 3-7956-0210-6, DM 39,80

Werner K. Lahmann

Mit dem Wohnmobil durch Neuseeland

ISBN 3-7956-0213-0, DM 39,80

... die faszinierende Reihe für Entdecker und Genießer!

Neben vielen Reiseinformationen, Tips für das Anmieten von Wohnmobilen und vielen anderen praktischen Hinweisen wird hier eindrucksvoll und aufregend ein Stück Geschichte lebendig. Das brillante Bildmaterial trägt darüber hinaus wesentlich dazu bei, daß diese Bücher zu einem Erlebnis werden.

Jeder Band hat 144 bis 156 Seiten, Format 21 × 21 cm, laminierter, abwaschbarer Einband, zahlreiche Farb- und s/w-Fotos sowie eine farbige Skizze der Reiseroute.

Werner und Susanne Schwanfelder

Mit dem Wohnmobil durch Australien

ISBN 3-7956-0220-3, DM 39,80

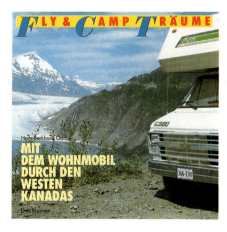

Hans-Burkhard Garbe

Mit dem Wohnmobil durch den Westen Kanadas

ISBN 3-7956-0221-1, DM 39,80

Werner K. Lahmann

Mit dem Wohnmobil durch den Südwesten der USA

ISBN 3-7956-0227-0, DM 39,80

Die schönsten Camping-Ferienplätze in Europa

Gesamtauflage **über 2 Millionen!**

Schnell, übersichtlich und ausführlich zeigt der ECC-Führer jedem Camper seinen idealen Urlaubsplatz!

Verlagsauslieferung:

Geo Center Verlags-Vertriebs GmbH
81673 München, Neumarkter Straße 18
Telefon 089/31 89-0

ECC – Der internationale EUROPA-CAMPING- und CARAVAN-Führer – clubunabhängig – mit den rund 5500 besten Camps in Europa, dem Nahen Osten und Nordafrika – auf dem neuesten Stand mit vielen neuen Ausstattungs- und Bewertungssymbolen – spezielle Teile für Motorcaravaner, Behinderte und FKK'ler – mit vollen Anschriften und zuverlässigem Kartenmaterial.

Gesamtumfang 960 Seiten, zum Großteil vielfarbig!

Für nur DM 29,80 erfährt der Camper alles, was er über diese Plätze wissen will:

z. B. Ausstattung, Komfort, hygienische Einrichtungen, Sport- und Freizeitmöglichkeiten usw.

Drei Brunnen Verlag GmbH & Co

Telefon 07 11/2 57 60 10
Telefax 07 11/2 57 62 17
70010 Stuttgart, Postfach 101154